Le promeneur immobile

Philippe Pozzo di Borgo

avec Geneviève Jurgensen

Le promeneur immobile

Albin Michel

À Wijdane, notre cadette,
et à Andrea, mon petit-fils,
pour que l'œuvre continue.

« L'habitude de rentrer en moi-même me fit perdre enfin le sentiment et presque le souvenir de mes maux. »

Jean-Jacques Rousseau,
Les Rêveries du promeneur solitaire

Avant-propos

Après trente années de tétraplégie douloureuse, j'ai fait un rêve étrange. Je revenais dans le monde des valides, le monde qui avait été le mien pendant mes quarante premières années.

À partir de ces deux vies, l'une de privilégié, marié à Béatrice, et l'autre de tétraplégique endolori, bientôt veuf, plus tard plongé dans l'aventure folle du film *Intouchables*, consolé par Khadija et les miens, exposé à tous les autres, je voudrais, en toute lucidité et humilité, reconsidérer mon existence ; recoller mes deux vies, celle des sens, bruyante et agitée, et l'autre, insensible, souffrante et inerte. Elles reflètent une réalité commune. Je voudrais les réconcilier par un baume qui soulage et un souffle qui engage, en commençant dans le silence et l'immobilité.

Le silence n'est jamais muet, l'immobilité est un voyage sans limites.

Le film *Intouchables*, ou plutôt son succès historique, a bouleversé ma vie en m'exposant soudain à des centaines de millions d'inconnus venus, en quelques semaines, découvrir la vie d'un grand handicapé, mais plus que cela encore, il m'a exposé moi-même au très grand handicap – bien au-delà de tout ce que j'imaginais ! Le handicap tel qu'il repousse à l'extrême la survie et la différence, la fragilité et ce qui va avec, l'exigence. Dans une telle situation, on ne peut être que dans sa vérité, c'est-à-dire aux antipodes de notre monde, libéré par la force des choses du banal, du conforme, de la performance, réduit à nous-même, immense et toujours en flirt avec le néant.

Il ne nous reste qu'à oser être ce que nous sommes et croire que nous pouvons contribuer à changer le monde. Le guérir, même. À plus de soixante-dix ans, je crois que mes décennies d'individualisme, puis celles d'inconfort et de paralysie, peuvent se rejoindre et nourrir l'espoir de lendemains optimistes.

Deux vies pour le prix d'une

J'avais prévu d'écrire ce livre dans le calme de notre campagne d'Essaouira, à l'ombre des palmiers et des jacarandas en fleur, dans la magnifique fraîcheur des alizés de l'Atlantique marocain où je me suis installé avec Khadija et les miens il y a une quinzaine d'années. Ici, je souffre un peu moins de ces dérèglements neurologiques, de ces brûlures incessantes qui m'affectent si souvent. Mais c'est finalement dans une chambre de l'hôpital de Nantes que j'écris les premières lignes de ce texte. Il doit prolonger le rêve que j'évoquais, facilité par l'ivresse des médicaments qui me sont administrés.

Dois-je parler d'un rêve ou d'un cauchemar, moi qui en trente ans ai découvert tant de richesses dans ma vie d'invalide et perçu tant de tragédies dans celle des valides ? Qui soignera les innombrables pathologies des temps modernes ? Moi qui ai vécu deux vies pour le prix d'une, comment ferais-je si je devais revenir dans ma vie d'avant, après avoir exploré pendant trente ans l'univers de la paralysie et avoir incarné, depuis le film *Intouchables*, le prototype du grand handicapé ?

Dans *Le Second Souffle*[1], paru en 2001, je cherchais à me retrouver dans une existence doublement fracassée, par mon accident puis par la mort de mon épouse Béatrice. Dix ans plus tard, en même temps que sortait le film *Intouchables*, j'ai voulu parler d'Abdel, mon assistant de vie, dans la nouvelle édition de mon livre. Abdel, que je surnommais mon « diable gardien ». Notre attelage, aussi durable qu'inattendu, était l'incarnation de ce que signifie se retrouver en l'autre, si vulnérable et si différent. Le succès planétaire d'*Intouchables* a montré les vraies aspirations d'un monde malade – malade de normalité, de performance, malade d'autonomie et d'individualisme. Le succès d'*Intouchables*, c'est le triomphe de ce que nous partageons tous, la vulnérabilité, du jour de la naissance jusqu'au jour de la mort. *Intouchables*, avec ses centaines de millions de

1. Bayard.

spectateurs, de téléspectateurs et d'internautes de toutes nationalités et de toutes conditions, a révélé combien nous aspirons à vivre ensemble, apaisés.

Mes quarante années d'homme valide et mes trente années d'homme tétraplégique ne s'additionnent pas comme on l'apprend à l'école : une année de tétraplégie vaut au minimum sept années d'une vie normale – comme pour les chiens en somme, dont on dit que pour comparer leur âge à celui des êtres humains il faut le multiplier par sept ! J'ai donc deux cent cinquante ans. Cela me donne le droit de parler comme le sage que je ne suis pas.

Une tornade médiatique

Bien que mon diable gardien soit parti loin de moi à la poursuite de son destin, je n'étais pas seul quand la vague du triomphe d'*Intouchables* m'a, tel un raz de marée, atteint jusque dans ma retraite d'Essaouira. Khadija, mon épouse, était à mes côtés. C'est elle qui, à de nombreuses reprises, a su accueillir les réalisateurs, le producteur, les acteurs et toute l'équipe du film. Mais surtout, elle a su résister quand nous avons été happés par la tornade médiatique. Aujourd'hui encore, soit dix ans après, il n'est pas de jour où les miens ne soient confrontés à des visiteurs venus du monde entier, inspirés par le film. Il n'est pas un arganier, un thuya ou un chêne vert qui soit assez grand, assez fourni pour nous dérober à leur curiosité. Khadija a même dû mettre à la porte une équipe de télévision allemande au sans-gêne spectaculaire. Une première pour ces journalistes !

Nous nous sommes astreints à répondre à des milliers de mails qui nous exposaient à tous les désespoirs ou, devrais-je plutôt dire, à tous les espoirs mal placés. Leurs auteurs espéraient trouver avec nous un sens à leurs misères et donner un nom à leurs espérances.

Khadija, et indirectement nos enfants, en ont été profondément affectés. Ce n'est pas facile d'être sans barrière, comme offerts aux autres, pour ne pas dire jetés en pâture. Pas facile non plus de se découvrir investis d'une responsabilité que nous n'avions pas sollicitée et qui nous a été échue par surprise. Que nous le voulions ou pas, nous avons dû nous laisser absorber dans une correspondance sans fin, donner des conférences partout dans le monde, répondre à des interviews, témoigner sans cesse, signer des articles, rédiger des préfaces, parrainer des initiatives... Nous avons été submergés par ces détresses et ces espoirs, comme si nous étions devenus les thérapeutes d'un monde malade.

Ce tourbillon a eu un prix. Dans ma pathologie, la moindre inattention se paie cash et peut me valoir un an d'hospitalisation. Qu'il m'arrive de rester mal assis dans mon fauteuil pendant une demi-heure et j'y gagne une escarre qui me vaudra une longue opération et me maintiendra allongé dix mois à l'hôpital. Ce sera ma « punition » après la tempête dans laquelle la sortie et la promotion d'*Intouchables* m'ont plongé.

Dans ma condition de handicapé, j'ai trouvé des ressources insoupçonnées. J'y fonde l'espoir d'un monde meilleur. Camus, dans *La Peste*, écrit : « On croit difficilement aux fléaux lorsqu'ils vous tombent sur la tête » et fait dire à Rieux, le médecin oranais : « [...] Pour le moment il y a des malades et il faut les guérir, ensuite ils réfléchiront et moi aussi. Mais le plus pressé est de les guérir. »

J'ai guéri. Le handicap m'a guéri des complications, des rendez-vous manqués. Ce que j'appelle la « guérison », c'est l'indicible soulagement d'être bien dans sa peau. Avec la guérison a surgi l'espoir d'une thérapie pour les bien portants, eux qui ne se savent pas vulnérables, eux qui sont ainsi privés de la rencontre avec les plus faibles.

Éric Toledano et Olivier Nakache contribuent par leurs films à faire de cet espoir une réalité. Eux, si sensibles, si respectueux des fragilités, eux qui trouvent en toute différence une source d'humanité, ils sont devenus les incontournables du cinéma français. Dans leur œuvre, l'arrogance du monde et l'individualisme sont toujours tempérés par la faille congénitale à chacun, cette faille qui signe la condition humaine.

Et si, comme dans mon rêve, je devais revenir debout dans le monde, je serais plus proche de celui qui est en fauteuil que de l'homme valide qui ne se sert de ses deux jambes que pour aller vite sans bien savoir où.

Immobile, dans l'urgence et la précarité, j'ai bien dû me demander pourquoi vivre et quel était désormais le sens de mon existence, loin de l'agitation que j'avais connue et jamais remise en cause. Or, malgré la colère qu'alimentent les dysfonctionnements humiliants, c'est surtout la vie d'avant qui peu à peu m'est apparue insignifiante. C'est à elle que s'est tout naturellement adressée la question « À quoi bon ? ».

À la sortie d'*Intouchables,* il nous a souvent été demandé, à Éric Toledano, Olivier Nakache et moi-même : « Dans *Intouchables II,* Philippe fera quoi ? » Et moi de répondre en fanfaronnant : « Je marcherai... ! »

Le sourire de Béatrice

J'ai été indestructible et immortel. Né, comme on dit, « avec une cuillère d'argent dans la bouche ». Ma jeunesse fut protégée par une famille aisée et attentionnée où l'on me surnommait Phip-aussi tant je demandais toujours plus. J'étais un enfant adapté, équipé pour cette société de concurrence, plein d'énergie, autoritaire et déjà performant. Sportif, éduqué, élégant, coquet, j'incarnais le stéréotype du succès dans notre société. J'allais vite, j'allais bien, la vie était un jeu.

À quinze ans pourtant, en révolte contre l'organisation sociale et ses privilégiés, j'avais vaguement conscience d'un système humiliant. Je n'en suis pas pour autant sorti du rang : j'ai fait dix ans d'études supérieures. Sciences économiques au Panthéon, histoire à la Sorbonne, sciences politiques à l'IEP de Paris et même un MBA en finances à Chicago… tout cela aboutissant évidemment à une carrière professionnelle dorée.

Malgré cela, dans ces années de gloire, la terreur est déjà là.

Notre histoire, à Béatrice et moi, commence-t-elle le jour de notre rencontre ou, comme tout ce qui nous arrive, commence-t-elle avant cela ? Élève à Louis-le-Grand, j'avais été envoyé par mes parents finir mes années lycée à l'école des Roches, en Normandie. Pas étonnant qu'en fac je me sois senti en révolte contre tout, à fond dans l'agitation de l'extrême gauche, sans cesse en grève. Et voilà qu'une très jolie jeune fille fait circuler une pétition favorable à la reprise des cours. Elle ne manquait pas de courage ! On l'appelait Mademoiselle Préfet, parce que c'était… la fille du préfet. Jusqu'à ce que je la rencontre, je croyais naïvement que c'était son vrai nom. En tout cas, elle avait du panache, avec sa manière d'incarner ouvertement la réaction. Et moi pour lui plaire, évidemment, j'ai fait tourner sa pétition. Ainsi est-elle bientôt devenue mon épouse adorée.

Nous voulions avoir des enfants. Mais Béatrice faisait fausse couche sur fausse couche, elle était épuisée. À Chicago, quasiment par hasard, au détour d'examens rendus nécessaires par une fausse couche de plus, son cancer a été découvert. Béatrice était atteinte d'un cancer de la moelle osseuse. Nous avions trente ans.

Je l'ai accompagnée pendant quinze ans. Plus son état se détériorait, plus je m'agitais, sourd et aveugle à l'éventualité de sa fin. Je m'interdisais d'y penser. Je faisais tout pour la garder dans le mouvement de la vie. Même si je sentais qu'il y avait un malaise dans mon existence, je m'en détournais. Je ne voulais pas voir ce qui était en train d'arriver. C'était une forme de conjuration contre la faiblesse : à celle de Béatrice, qui n'était que trop visible, j'opposais la mienne, que je déguisais. Je courais, au sens propre comme au sens figuré. Je courais une heure chaque matin, et le week-end je me défonçais dans un marathon. En parapente, je laissais mon cœur s'emballer.

J'ai escamoté la maladie et la fin de Béatrice, et d'évidence sa foi, qui m'indisposait. Demeurant étranger à ses préoccupations spirituelles. Je me coupais de tous, y compris de celle qui partageait ma vie, qui souffrait et que j'aimais.

Tourné vers moi-même, individualiste, soucieux de mon statut, de ma réussite, de mon image, de mon pouvoir, j'étais pétri de clichés. Les conquêtes féminines traduisaient ma quête de la vie, en réponse à l'omniprésence de la maladie.

Dans le domaine professionnel aussi, je savais tout, je contrôlais tout, j'orientais tout. Je vendais, j'achetais des parts de marché avec l'excitation d'un joueur au casino. Mon agenda était plein à craquer un an à l'avance. C'est alors que l'entreprise, devenue filiale d'un groupe financier, a dû licencier des salariés par centaines. Un choix contradictoire avec nos bons résultats et incompatible avec l'éthique du groupe de luxe à la destinée duquel avait présidé mon grand-père chéri, Robert-Jean de Vogüé, pendant trois décennies au sortir de la Seconde Guerre mondiale. Le marché financier désormais dictait sa loi, et tout était pensé pour le maintien du cours de l'entreprise en Bourse.

Il m'aura fallu sacrifier des centaines de collaborateurs pour prendre conscience de l'injustice et de la violence de ce système. Je n'en dormais plus. Et puis une chute de parapente m'a écrasé la troisième cervicale, et sans états d'âme, j'ai moi-même été passé par pertes et profits.

Me voici brisé, totalement paralysé. Béatrice va mal. Mais son extraordinaire sourire m'éclaire toujours. J'ai à mes côtés une épouse confiante, qui m'accueille après trois mois de coma. Tout au long des deux années de réanimation et de rééducation qui vont suivre, elle ne me quittera pas. C'est cette femme très malade, je peux même dire à l'agonie, qui va me remettre sur pied. Dès les premiers jours elle prend la situation en mains. De Grenoble où je suis dans le coma depuis plus d'un mois, elle me fait transférer par avion sanitaire à la Salpêtrière, à Paris, dans le meilleur service de réanimation qui soit. C'est elle encore qui va me faire admettre, à l'autre bout de la France, dans le plus réputé des centres de rééducation d'Europe, celui de Kerpape, dans le Morbihan. Je n'y crois pas ! Nous habitons en pleine Champagne et elle, dans l'état où elle est, elle ferme la maison et s'installe en Bretagne avec nos deux enfants, qu'elle scolarise là-bas, pour être auprès de moi tous les jours. Ça durera dix-huit mois. Dix-huit mois seulement : personne n'a jamais vu ça ! Je me remets sur pied à une vitesse record, et Béatrice aussi, pendant ce long séjour, va mieux. Bien sûr que je suis toujours tétraplégique, mais je reviens de si loin ! Il a fallu tout rééduquer. La respiration. La déglutition. L'attention aux points d'appui, chacun des innombrables points d'appui. La science des courants d'air, qu'il faut éviter à tout prix, un simple rhume pouvant m'envoyer à l'hôpital pour six mois ou me coûter la vie. C'est simple : à Kerpape, ce qu'on m'a appris, c'est à ne pas mourir.

Nous nous réinstallons à Paris. Notre dernière année ensemble, Béatrice et moi la passerons allongés côte à côte dans notre nouveau lit. Et puis c'est à elle d'être hospitalisée, et à moi d'être à son chevet tous les jours. J'assisterai à son inexorable déclin dans un silence partagé.

Avant, j'avais peur du silence. Peur d'être seul avec moi-même. Je fuyais dans le mouvement, le bruit, les mondanités. Je me projetais à toute force dans un avenir meilleur, plus prometteur, où je pourrais ignorer mes fragilités et où, surtout, Béatrice ne serait pas malade. Avant, je n'identifiais pas ce qui me touchait au plus profond : mon épouse, nos enfants et moi-même. Je remplissais mon existence à ras bord, tout en ayant l'intuition qu'il y avait peu de vie dans ce que je faisais.

J'aurais aimé pouvoir le comprendre sans passer par tous ces drames.

Mon épouse tant aimée

Restons encore un peu avec Béatrice.

Mon épouse tant aimée va mourir. Et elle n'a pas peur ! Sa manière de vivre et de quitter ce monde me prend à contre-pied. Je suis d'autant plus agité que je suis plus inquiet. Elle vit maintenant ses derniers mois à l'hôpital, dans une pièce totalement stérile, à l'intérieur d'une bulle de plastique qui, en théorie, la protège de tout danger extérieur. Sa fin est douloureuse. Chaque jour Abdel me conduit auprès d'elle. Je reste derrière la vitre. Je ne suis autorisé à la toucher que du regard. Nous sommes en contemplation.

Elle prie dans un inoubliable sourire. Je suis là, muet pour la première fois de ma vie. Le silence, cette révélation qui me sera précieuse plus tard, naît-il de cette osmose nouvelle avec ma femme, qui sourit et se meurt dans la paix ? Quelque chose s'est produit pendant ces mois passés à la contempler, souffrante, souriante et priant derrière sa vitre, inaccessible et emplissant pourtant tout l'espace.

Le dernier jour, le personnel médical me laisse l'approcher. Elle comprend. Elle sourit toujours. Elle dit dans un souffle : « Qu'il en soit fait selon Ta volonté. »

Cette confiance mystérieuse me dépasse, je ne lui trouve pas de sens. Je navigue entre l'incompréhension et la beauté de cette élégance mystique qui m'échappe.

J'ai mal. Je suis ébloui. Béatrice n'est plus. Sans elle je suis perdu. Cette âme à nulle autre pareille était ma seule raison d'exister. Maintenant seulement, maintenant qu'elle n'est plus, j'en prends conscience.

Je n'ai jamais imaginé vivre sans elle. Je n'existais que par elle. Je voulais réussir pour l'entraîner dans mes succès. Mais elle, vers quoi tendait-elle ? Quelle était son espérance ? Je ne cherchais pas à le savoir. Sans doute cet égoïsme dont je n'avais pas conscience m'a-t-il, dans notre fusion bancale, privé de l'essentiel de sa présence.

Le chagrin m'anéantit. Je sombre. Mes enfants, à peine adolescents, sont perdus. Ma fille ne m'embrasse plus. Mon fils s'allonge à côté de moi sans souffler mot. Ils sont à la dérive.

Moi, je reste au lit, je ne me lève jamais, je ne bouge plus. Je ne fais que souffrir. Sans Béatrice, je ne sais plus rien. Mon désespoir me prive même de mes souvenirs. Tout est noir.

La famille, des amis viennent m'assister. Certains prient. Je ne les entends pas, je ne les vois pas. Bien qu'ils soient là pour moi, je ferme souvent les yeux et je les laisse entre eux. Ils persistent, ne se lassent pas, et leur constance me fait du bien.

Petit à petit, je renais. Le temps s'est écoulé sans consistance, un an, peut-être deux, pendant lesquels les nuits et les jours se sont confondus dans l'insomnie. Insensiblement je retourne vers l'enfance. Je remonte à la source, loin de tous. J'y retrouve un peu d'innocence, aux antipodes de celui que j'ai longtemps été.

Et dans ce grand silence, je me désarme.

La « pause Pozzo »

Citius, altius, fortius, « Plus vite, plus haut, plus fort ». J'aurais, avant, pu faire mienne la devise des Jeux olympiques modernes. Plus vite ? Je me suis inlassablement projeté dans un temps qui n'existait pas encore. Un temps que je préférais au temps présent. Plus haut ? J'en ai rêvé, j'y ai été, je me suis écrasé. Et plus fort... au point d'y laisser mes quatre membres.

Dans le silence, un trésor de bienfaits s'impose de lui-même. Il n'est pas nécessaire de passer par trente ans de mutisme forcé pour saisir cette évidence. Il suffit, chaque jour, de lever le pied pendant quelques instants. Se débrancher, accepter de se déposséder de soi-même, de s'abandonner ou d'abandonner celui qu'on est au jour le jour.

Ce silence qui m'est si familier aujourd'hui m'a longtemps été étranger. C'est désormais ma promenade à moi. Je la pratique les yeux au plafond, jusque dans une chambre de réanimation. Dans le *Journal d'un curé de campagne*, Georges Bernanos écrit : « Garder le silence, quel mot étrange ! C'est le silence qui nous garde. » Le silence, si précieux, le silence en soi. Même Wijdane, ma fille cadette, surnommée l'Asticot, pratique ce qu'elle appelle la « pause Pozzo ».

Béatrice disparue, la dépression peut s'installer. Ma vie qui fut si pleine, trop pleine, n'est plus qu'absence, immobilité, silence. Rien ne domine, tout est atone. Pendant des années je n'aurai devant les yeux que le plafond, qui avec le temps va se révéler voûte lumineuse sous laquelle je m'abrite, pénétré par l'éternité des absents.

De temps en temps me parvient le bruit estompé du monde. Il donne la direction du vent, ajoute une certaine tension, une densité au silence, qui ne me parle toujours pas. Longtemps il n'est que l'envers du brouhaha dont je reste intoxiqué. Jusqu'à ce qu'à la faveur des insomnies, il se révèle et distille des vérités insoupçonnées.

Le plafond m'apporte la paix. Dans le silence infini, j'apprends à discerner le bien du mal, l'essentiel du futile. Et je découvre l'instant présent, qui me devient précieux. J'apprends à l'habiter. Mon extrême fragilité, l'incertitude du lendemain dans laquelle je baigne désormais, la douleur aussi donnent de la chair à cet instant présent, et je m'y repose. La vérité s'installe, difficile d'abord à identifier. C'est une voix intérieure presque étrangère, hésitante, que pourtant je reconnais. Est-ce celle de mon enfance ?

Valse avec la douleur

J'ai un corps atone. Et pourtant je suis saisi de douleurs neurologiques intenses. Insensible mais brûlant ! Cela ne m'empêche pas de vivre. Je vis avec la douleur, sans me laisser engourdir par le poids de la nostalgie, retenir par l'entrave du chagrin, asphyxier par l'épaisseur du remords.

Certes la douleur m'abrutit et parfois me submerge. À moi de l'apprivoiser, à moi de devenir son partenaire. Je ne dois pas la laisser prendre le dessus. Grâce à elle, grâce à ce duo qu'elle m'invite à former avec elle, j'apprends à rester concentré sur le présent.

Je me grille dans la douleur, je la connais, elle et moi avons nos habitudes.

Nous valsons, ou plutôt, corrigerait ma fille Wijdane, nous dansons le tango. Nous formons un couple attentif l'un à l'autre, aux aguets, entraîné, consentant mais pas soumis.

Mon inconfort est tel que le désir de ne pas souffrir supplante souvent la brûlure elle-même. Je m'y suis exercé. J'attends que ça passe, je fais avec.

Cette effrayante patience me permet de survivre, avec gourmandise. Comment fait-il ? se demande-t-on. Il fait comme tout le monde, car c'est le seul moyen. C'est ainsi que j'ai fini par le comprendre, jour après jour, heure après heure, focalisé sur l'inlassable défi de l'instant présent : être diminué ne signifie pas être réduit. D'ailleurs, tel un sportif, je gagne en endurance. Dans la souffrance, je peux atteindre l'infini.

Les cloches d'Essaouira

Après la mort de mon corps et la mort de mon épouse, sans confort et sans présence, je suis incertain tel Hans Castorp, le héros de Thomas Mann dans *La Montagne magique*, à la veille de ce qui sera la Grande Guerre : Castorp voit s'effondrer « tout ce qu'il regardait comme ses devoirs, ses intérêts, ses soucis, ses espérances ». Le monde qu'il a toujours connu, en somme.

Parfois, je me surprends à être assez heureux, retiré du monde, sans exigence ou interpellation, loin de la vulgarité et libéré des questions matérielles. Je ne connais plus la colère, je me mets en paix, quitte à contribuer à mon isolement. Je ne cherche ni raison ni issue, ni à donner du sens ni à trouver de l'utilité à cet état nouveau. Paralysé, j'aspire à renaître, à savoir vivre dans la richesse de l'incertitude. Encore faut-il que je sache renoncer à tout ce qui m'était utile jusque-là, tout mon héritage, mon éducation, ma nature aussi. Dans le monde auquel, depuis le jour de mon accident, je n'appartiens plus, ce monde malade de transparence où tout est sujet à psychanalyse sauvage, confessions publiques, aveux et repentance, accepter l'incompréhensible, pratiquer la pudeur, protéger l'intimité semblent des mystères inaccessibles. Je vais en faire mes alliés, et la source de ma liberté.

Après des années de mutisme, je me suis senti capable de conquérir un autre monde, un monde humain, cohérent, un monde qui console.

À Essaouira, cette petite ville fortifiée par un disciple de Vauban à l'extrême occident de l'Orient, sur la côte atlantique marocaine, le père Jean-Claude Gons est mon voisin. Il a quatre-vingt-cinq ans, dont cinquante-cinq en tant que prêtre séculier sur ces terres de l'islam tolérant qu'est le Maroc. Essaouira est connue comme la ville des trois religions, où les trois communautés, juive, chrétienne et musulmane, ont vécu des siècles durant dans l'harmonie.

En août 1985, comme le pape Jean-Paul II visite un lieu saint à quelque distance d'Essaouira, sa majesté le roi Hassan II lui demande s'il peut faire quelque chose pour la communauté chrétienne du Maroc. Le pape transmet la proposition à l'archevêché de Rabat, qui fait suivre par Marrakech jusqu'à Essaouira auprès de notre père Jean-Claude, dans le diocèse duquel a lieu la visite pontificale. Le père Jean-Claude émet cet humble vœu : « J'aimerais faire sonner les cloches le dimanche avant la messe. » C'est ainsi que depuis près de quatre décennies, à Essaouira et nulle part ailleurs en Afrique du Nord, le dimanche matin retentit le son assourdi des cloches de l'église, mêlé aux cris des mouettes et au souffle des alizés.

Avant cela, pendant des années, le père Jean-Claude a prêché dans le désert de l'est marocain, dans sa paroisse abandonnée par les chrétiens. Il y a dit la messe tous les matins, seul, même le dimanche. Et cette solitude n'était pas réservée au désert. À Essaouira aussi il est arrivé à Jean-Claude de « faire église » sans une seule ouaille. Cela ne l'a jamais empêché d'officier, de rédiger et de prononcer son homélie avec autant de soin et d'éloquence que si sa parole était entendue du monde entier.

Jean-Claude est né dans une famille du nord de la France. Sa foi est profonde, articulée. Il s'inscrit dans son époque, résolument engagé contre les injustices. Amoureux de son jardin où il cultive des légumes, il élève des poules, des lapins et distille son huile d'olive avec passion.

Moi, le mécréant, inconfortable et pauvre, je suis séduit par sa lumière, sa vie intègre où la foi n'a jamais été contredite par sa pratique. Par son intercession, je goûte au mystère. Jamais dans ma vie antérieure je n'aurais pu me sentir grandir dans cette bienheureuse légèreté, me mettre au diapason de ce monde frugal et quasi muet.

Je regrette tant que Béatrice ne m'ait pas connu ainsi, enfin capable d'attendre et de me satisfaire d'immobilité et de patience. Comme je l'aurais mieux accompagnée si j'avais su mettre mon temps au rythme du sien, et accepter avec elle l'incertitude du lendemain !

Dans le milieu hospitalier que je fréquente trop, je ne suis pas seul. L'hôpital, et le monde entier, sont peuplés de blessés, de fragiles, d'humiliés. Nous nous retrouvons dépendants comme à notre naissance, et nous n'escamotons plus cet asservissement. La fracture et l'imperfection définissent la condition humaine. Nous ne vivons que par l'autre. C'est lui qui nous confirme dans notre existence.

Abdel et moi

Après ma chute – et bien moins encore avant ! – je n'ai pas été entouré que d'anges et de saints. L'autre, le différent, ne m'est pas toujours apparu sous les traits d'un Jean-Claude ou d'une Béatrice, loin s'en faut. Faisons une pause, juste le temps de vous présenter celui qui fut mon diable gardien, l'inénarrable, l'unique, tellement lui-même et tellement autre, Abdel. Quel que soit mon état, souvent critique, jamais il n'a pu prendre les choses sérieusement. De chaque situation nouvelle il faisait une scène de dessin animé, dialogues, bruitages et voix compris. Il était un studio à lui tout seul.

Nous sommes en 1995. Cela fait maintenant deux ans que je vis à l'hôpital puis à Kerpape et le moment de rentrer chez moi est arrivé. À ma demande, l'ANPE (aujourd'hui

Pôle emploi) fait paraître l'annonce suivante : « Tétraplégique récent cherche aide de vie costaud, disponible, permis de conduire, sans horaires. Aucune qualification professionnelle requise. » Dans un délai bref, nous recevons quatre-vingt-dix réponses. Béatrice, notre secrétaire et moi procédons à un premier tri.

Au chant du coq, il vient se présenter à la maison. Pas pour le job – de toute façon il ne sait pas ce que veut dire « tétraplégique », et pas sûr qu'il connaisse non plus le mot « job ». Lui, ce dont il a besoin, c'est un coup de tampon sur son matricule de chômeur pour montrer qu'il cherche activement du travail et ainsi continuer à percevoir ses indemnités.

Dans les jours qui suivent, sur les candidats pressentis, nous en retenons deux pour une semaine d'essai : deux jeunes hommes dont Abdel, vingt-cinq ans. C'est un boulot qui demande beaucoup de force et, même si des femmes se sont portées candidates, l'ancien chef d'entreprise que je suis ne fait pas dans le sentiment mais dans le pragmatisme. Tandis que je m'emploie à évaluer le plus apte des deux, le premier m'explique qu'introduire un musulman chez soi, c'est faire entrer le diable (décidément !). Je mets précocement fin à sa période d'essai. Reste donc Abdel.

Et Abdel reste !

Petit – il se donne un mètre soixante-dix –, râblé, le visage carré, le menton volontaire et le regard vif, il me fait l'effet d'un homme à fort caractère, intelligent, réactif et capable de débrouiller bon nombre de situations.

Moi l'aristocrate fortuné, lui le beur de banlieue parisienne, comment allons-nous cohabiter ?

De son nouveau job, lui se réjouit sans détour : « C'est la journée du Loto ! » Et considérant son lieu de travail, mon hôtel particulier au cœur de Paris, il remarque : « C'est comme être dans la salle des coffres ouverte d'une banque ! »

Il ne prend pas davantage de détours quand il découvre mon corps tétraplégique : « Je n'imaginais pas qu'on ne puisse pas du tout bouger. Pour moi, c'était un cadavre. » Mais pour ce qui est de mes soins, aussi intuitif qu'intelligent, il en remontre vite aux infirmières. D'emblée il sait comment me manipuler, me lever, me porter, m'habiller, me nourrir, m'asseoir dans la voiture, sans oublier me donner à boire et à fumer. Comme le pige vite ma fille Laëtitia : « On ne passe pas entre Pozzo et Abdel. Il y a un truc entre eux qui ne s'explique pas. »

Abdel en présence du « gratin » (comprenez : les grands bourgeois, mes amis quoi !), ça lui fait plaisir de lâcher : « La prison, c'est chauffé et il y a la télé ; on y est bien pour passer l'hiver ; après on ressort pour faire nos coups. » Et pour ce qui est du patriotisme : « Merci la France : j'ai le RMI, les soins gratuits, les allocations logement, c'est tranquille... » À croire qu'il recrute pour le Front national !

Abdel et les études : « J'ai un bac moins six. »

Abdel le hors-la-loi fataliste : « Plus je grandissais, plus la bêtise était grande. »

Abdel le collectionneur : il ne compte plus les accidents de voiture (je découvrirai des années plus tard qu'il n'avait pas de permis de conduire, il utilisait celui de son frère, et bien qu'il ne lui ressemble pas du tout d'après la photo, la police n'y voyait que du feu), les conquêtes féminines aussi. Sans doute ne compte-t-il pas non plus très précisément quelques-unes de mes collections de bibelots !

Abdel chauffeur de maître : il est mon chauffard bien autant que mon chauffeur et se surnomme d'ailleurs Ayrton Abdel. Toujours en excès de vitesse, en sens interdit, collé à la voiture de devant – qu'il finit souvent par emboutir. En dix ans de bons et loyaux services, Abdel en percutera une vingtaine. Jamais par sa faute.

Abdel et son alibi : en voiture, l'alibi c'est moi. En cas de lourde infraction, on fait le coup du SAMU à la maréchaussée. Moi gémissant, les yeux clos, à la renverse sur mon siège électrique, lui brandissant ma carte d'invalidité : « Monsieur fait une crise d'hypertension ! Il y a urgence, sa tête va exploser ! » Au meilleur de notre interprétation, on a droit à l'escorte de la police pour nous ouvrir la route.

Abdel et la violence : d'une force titanesque, il a besoin de distribuer son quota de coups dans la journée. Signe particulier : présente une forte propension à frapper avant de parler.

Abdel et ses victimes préférées : de loin les automobilistes, sans toutefois rechigner devant un ambassadeur. Tarif : une gifle pour les femmes, un coup de poing pour les hommes.

Abdel et le sommeil : il s'endort partout, tout le temps, dès qu'il a une minute : au volant, le pied sur l'accélérateur ; dans une église, debout contre une colonne ; sur toute chaise à sa portée. Je l'entends ronfler lors des concerts de musique classique que je donne à la maison.

Abdel l'humain : il assiste longuement mon épouse Béatrice dans la dernière année de sa vie. À sa mort, c'est la première et dernière fois que je le verrai pleurer. Il élève mon fils Robert-Jean avec beaucoup de gentillesse, d'implication et de disponibilité. Mon fils le voit comme son grand frère… surtout quand il entreprend son éducation sexuelle, l'emmène en discothèque et choisit pour lui la femme qui le déniaisera.

Abdel et la cruauté : j'ai oublié la raison de son geste, mais jamais je n'oublierai ce jour où, dans une salle de bains luxueuse aux murs tapissés de miroirs, il m'a mis nu et m'a imposé le reflet démultiplié de mon pauvre corps. Je n'ai plus prononcé un mot jusqu'au lendemain.

Abdel et les femmes : aucun respect, pas une once de romantisme. Jamais deux fois avec la même pour ne pas s'attacher. Mais généreux : quand il me voit dans une grande souffrance, il me propose parfois une de ses « aspirines » (comprenez une de ses charmantes relations) pour soulager mes douleurs.

Abdel et ses cadeaux : il offre quantité de téléviseurs, chaînes stéréo, magnétoscopes et plus généralement tout objet de valeur pouvant « tomber du camion ». Mais aussi des femmes – « Non merci, Abdel ! » –, des joints de marijuana – « Alors juste une fois ! ».

Abdel tel qu'il est : insupportable, vaniteux, orgueilleux, inconstant, humain, désopilant, culotté, brutal, provocateur, indépendant, etc.

Abdel tel qu'il se voit : « Je suis le meilleur ». Sa devise : « Je fais ce que je veux, quand je veux, où je veux. »

On l'a compris, Abdel ne fait pas dans la dentelle. Et pourtant…

Pourtant si Abdel n'était pas entré dans ma vie, aujourd'hui je ne serais plus là. Après mon accident et le décès de Béatrice, il me tire de l'enfer de la dépression. Plusieurs fois aussi, il me sauve la vie physiquement. Inlassable et fidèle à mes côtés comme un chien d'aveugle, cet orgueilleux cabotin d'Abdel fait, jour et nuit, passer ma vie avant la sienne. Assistant, guide, complice, bourreau, confident, maltraitant, clown, pourvoyeur, soignant, réanimateur, chef d'orchestre de mon existence, nous partageons la confiance comme un cadeau et y puisons l'un pour l'autre un profond attachement réciproque. Grand frère pour mon fils, Abdel devient mon fils aîné.

Puis il se marie. La première fois avec une laborantine – ça durera quinze jours : il refuse qu'elle travaille – et la seconde fois sera la bonne : il épouse la réceptionniste d'un hôtel de Saïdia, au Maroc, où nous avons passé trois étés. Viennent ensuite trois enfants et la petite famille quitte la France pour l'Algérie, où Abdel a pour projet de nourrir tout le pays avec un élevage intensif de poulets. Il rencontrera beaucoup de difficultés. Il m'a régulièrement téléphoné dans les années qui suivrons, puis plus rien.

J'ai cherché à le joindre, en vain. Un jour, la veille d'une lourde opération au CHU de Nantes, je reçois un appel téléphonique. L'interlocuteur se présente comme étant Abdel, mais je ne reconnais pas sa voix. C'est, dans un brouhaha indescriptible, la voix d'un fumeur, qu'Abdel n'est pas. Une voix qui ne lui ressemble pas.

Aujourd'hui, je ne sais pas où est Abdel.
Je ne sais pas ce qu'il fait.
Je ne sais pas s'il est encore en vie.

Aux sources d'*Intouchables*

Avant de s'abattre sur nous, comment l'ouragan que fut *Intouchables* s'est-il formé ? Ça ne s'est évidemment pas fait en une fois mais par étapes.

Tout commence peut-être par une invitation de Jean-Marie Cavada. Deux ans après mon accident, il nous convie, Béatrice et moi, à participer à une *Marche du siècle* avec d'autres personnes qu'un accident a récemment handicapées. Le Dr Michel Busnel, patron du centre de rééducation de Kerpape, sur la côte bretonne, m'a demandé de représenter son établissement.

Béatrice, les enfants et moi. Interviews poignantes, révoltes, résignation, pleurs, vies brisées à jamais…

Béatrice et moi témoignons en dernier. Elle affronte l'épreuve du cancer, des récidives, des redoutables semaines d'hospitalisation, à quoi s'ajoute la conscience d'une fin proche. Pour ma part, en fauteuil roulant depuis peu mais pour le reste de mes jours, je porte encore l'uniforme classique du costume cravate. Malgré cela, le duo que nous formons tranche par son optimisme.

Sept ans plus tard, dans l'actualité du récit de ma vie que je viens de publier[1], la productrice Mireille Dumas me fait signe pour témoigner dans son émission *Vie privée, vie publique*. Nous sommes en 2002 et Béatrice n'est plus de ce monde. C'est sans mon épouse bien-aimée que je suis condamné à me présenter désormais. Celui qui m'accompagne, c'est Abdel. Notre binôme détonne tant que Mireille Dumas nous fait intervenir en fin d'émission, dans une séquence spéciale. Elle me propose ensuite de produire un documentaire de cinquante-deux minutes, dans le cadre de l'année européenne des personnes handicapées. En sort un très beau film[2] plein d'humour et d'émotion. Dans

1. *Le Second Souffle, op. cit.*
2. *À la vie, à la mort,* de Jean-Pierre Devillers et Isabelle Cottenceau.

son éditorial, *Télérama* notamment en salue la qualité. Dans son compte rendu, *Le Monde* me décrira comme « le comte Philippe Pozzo di Borgo, descendant d'une grande famille corse, brillant homme d'affaires » et Abdel comme « rude et cynique », pensant avant notre rencontre que les handicapés étaient « bons à jeter ». Pour moi, comme je l'ai formulé publiquement, à plusieurs reprises, j'ai la chance de profiter de la lumière qu'Abdel projette sur nous deux. « Abdel, c'est vraiment le Roi Soleil », ai-je coutume de dire, et je souhaite aux handicapés comme moi d'avoir la chance de ne pas rester dans l'ombre. L'enfance d'Abdel a eu sa part d'obscurité, il n'en soufflera mot. Mais de nous deux, c'est désormais lui qui éclaire.

Olivier Nakache et Éric Toledano sont alors deux jeunes cinéastes d'une petite trentaine d'années, deux amis d'enfance qui n'ont à leur actif que quelques courts-métrages. Ils voient le documentaire et se promettent qu'un jour ils en feront un film. En attendant, ce sont d'autres producteurs qui se manifestent, mais le cinéma est loin de mes préoccupations : je n'y connais rien, je ne prête pas une grande attention à ce monde du showbusiness, et puis ça me semble manquer d'humour.

Tout sera très différent avec Nakache et Toledano. Ils débarquent chez moi à Essaouira, où j'habite désormais. Les années ont passé, on est en 2010, je suis marié à Khadija, comment ont-ils trouvé mon numéro de téléphone ? Toujours est-il que les voilà chez moi décontractés, souriants, heureux d'être là, eux qui n'avaient encore jamais mis les pieds au Maghreb alors que leurs familles, juives, sont originaires d'Algérie pour l'un, du Maroc pour l'autre.

Ils reviennent dans la foulée avec leur producteur, et nous ne faisons que rire pendant tout le séjour. Je ne ressens aucune pression d'aucune sorte, ils veulent que je sois d'accord avec leur projet, c'est tout. Ils ont leur rythme, ne sont jamais pesants, et moi-même je me fiche pas mal qu'ils fassent leur film ou pas. Tout ce qui m'importe, c'est que, si les choses prennent vraiment tournure, une partie de la recette aille à l'association pour handicapés Simon de Cyrène.

Ils me montrent leur scénario, ça me permet de souligner quelques invraisemblances dont, souvent, ils ne tiendront aucun compte. Le coup de la théière, par exemple, qu'Omar Sy va déverser sur la jambe de François Cluzet pour vérifier qu'il ne ressent rien : personne ne ferait ça sans créer des plaies potentiellement mortelles ! Je signale aussi quelques erreurs plus soft, comme celle du manteau : aucun tétraplégique ne porte de manteau, c'est un cauchemar de le lui faire enfiler. Ils vont garder une ou deux aberrations de ce genre mais qu'importe ?

Pour leur troisième visite, ils sont encore à Essaouira, flanqués cette fois des acteurs principaux, François Cluzet et Omar Sy. L'un semble comme estomaqué par mon handicap, l'autre nettement plus cool. Omar Sy s'assoit près de moi au repas et me donne à manger, tandis qu'en face Cluzet paraît sidéré.

Le 11 septembre 2011, jour du dixième anniversaire des attentats du World Trade Center – tout le monde avait bien trop peur de voyager ce jour-là, ils sont seuls dans l'avion qui les ramène de nouveau chez nous – ils nous montrent le film dans son premier état. Pour l'occasion, nous convions une petite vingtaine d'invités et Khadija organise un buffet dans le jardin où a lieu la projection. Si pour ma part je trouve le film un peu banal, sans surprise, quasi documentaire, Khadija le trouve impudique : ce n'est pas dans son registre, cette exposition de la vie intime ! À tel point que les réalisateurs se disent qu'on ne va pas donner notre accord ! De toute façon, au point où on en est, je ne vais pas opposer mon veto. Je reste assez distant. Chacun son boulot. Celui de Nakache et Toledano, c'est de faire des films. Le mien, c'est d'être handicapé. Ce qui aurait dû me mettre la puce à l'oreille, toutefois, c'est que pendant la projection, les invités, eux, s'étaient tordus de rire tout en pleurant toutes les larmes de leur corps.

Des salles pleines à craquer

Comme promis, les réalisateurs organisent une avant-première spéciale pour les résidents du centre de rééducation où j'ai passé dix-huit mois après mon accident, quand Béatrice était encore là. Quel public... une centaine de résidents, dont un tiers allongé sur le ventre ou sur le dos, un tiers bardé de structures métalliques prises dans du plâtre, un tiers en fauteuil. Et voilà que ces patients condamnés jour et nuit à ces postures sont écroulés de rire et secoués de sanglots. Le personnel ne peut pas suivre le film tant il doit veiller à redresser ceux qui se cassent la gueule. Les équipes de M6 et France 2 ont fait le déplacement, et on sent bien que le film devient un événement avant même d'être sorti en salles.

Quand le générique de fin apparaît, on me propulse sur l'estrade et je dis à ces frères d'armes qu'*Intouchables*, c'est aussi leur histoire, pas seulement la mienne. Nakache et Toledano sont en larmes. Et moi qui connaissais la vie à Kerpape, je sais que toutes ces personnes, qui y restaient pour des séjours de deux ou trois ans après leur accident, se sont vraiment distraites pour la première fois et ont entrevu un avenir ailleurs qu'en institution.

Mais la folle journée ne s'arrête pas là. Nous embarquons tous, l'équipe dans un bus, moi dans mon transport personnel, pour assister à l'avant-première prévue au Cinéville, le grand cinéma de Lorient. Il y a six cents spectateurs, la salle est pleine à craquer. Et quand les lumières se rallument, tout le monde est debout et applaudit à tout rompre pendant un quart d'heure – une éternité. C'est là que je réalise que tout ça n'a plus rien à voir avec moi. Le privilégié tétraplégique que je suis est complètement dépossédé de son histoire. Khadija est à mes côtés, elle m'accompagne partout, mais elle est profondément gênée. La notoriété, l'exposition, c'est le contraire de ce retrait traditionnel, de cette réserve qui lui sont naturels, et dont elle a besoin.

Sorti le 2 novembre 2011, *Intouchables* est à ce jour le deuxième plus grand succès de toute l'histoire du cinéma français en France[1], et le plus grand succès francophone de toute l'histoire du cinéma dans le monde. C'est ce qu'on appelle un « film culte ». Pourquoi ?

Certes les acteurs sont époustouflants, et l'image sensible, et la musique touchante, et la réalisation géniale, mais on peut en dire autant de mille films. Il y a forcément autre chose, une sorte de secret. Comment expliquer un succès pareil, un engouement de cette nature et de cette importance dans tant de pays, auprès de toutes les générations, à travers tant de cultures différentes ? Que révèlent toutes ces manifestations spontanées de rires et d'émotions, ces ovations de spectateurs venus de tous horizons, si ce n'est une profonde aspiration à vivre ensemble autrement ?

Moi qui pensais être seul dans mon cas, je me découvre une vie universelle. Venant d'un monde où la faiblesse était interdite, je ne la traitais que dans l'intimité, presque honteux ; je la dissimulais pour ne pas écorner mon image, comme si ma dignité dépendait de la représentation que je donnais de moi-même, idéalisée, lissée, disons carrément mensongère.

Et voilà qu'à travers le film, chaque spectateur décèle aussi ses propres failles jalousement

1. Après *Bienvenue chez les Ch'tis*.

cachées, maquillées, parce qu'être faible c'est mal, être faible c'est dangereux, être faible c'est dégradant.

Anxieux, sentant leur avenir menacé, ils assistent à l'histoire insolite de deux exclus, l'un par son handicap physique, l'autre par son handicap social. Deux anti-héros qui, peu à peu, pendant dix ans, vont s'entraider, se remettre debout mutuellement, dans le respect l'un de l'autre. Et finalement, dans la promiscuité d'une salle de cinéma où on partage un spectacle dans le noir avec des parfaits inconnus, des millions de spectateurs perçoivent ensemble que le soulagement et le salut ne peuvent venir que de l'autre.

À la fin de mon livre *Le Second Souffle*, j'avais innocemment indiqué mon adresse Internet. Vendu en France à plusieurs centaines de milliers d'exemplaires, ce livre a été traduit en seize langues. Je n'avais évidemment pas imaginé un tel retentissement, ni les milliers de mails qui me seraient adressés du monde entier. Le phénomène s'est encore amplifié après la sortie d'*Intouchables* et, je l'ai dit, ma femme Khadija et moi avons été brutalement exposés au contact direct de tous les malheurs de l'humanité.

Ainsi ai-je pris la mesure du désarroi des gens, de la banalité des handicaps et de la férocité avec laquelle ils sont occultés. Que nous soyons touché par un handicap physique, sensoriel, mental, affectif, cognitif, psychologique, social ou tout naturellement la maladie, la vieillesse, le stress, nous sommes tous plus ou moins vulnérables. Mais si ce n'était que ça… Ce qui revenait sans cesse, ce qui paraît insupportable, c'est le poids de l'humiliation infligée par les exigences de performance, de normalité et d'autonomie. Des exigences auxquelles seuls des extraterrestres pourraient répondre tant elles sont inaccessibles et illusoires.

François Cluzet, qui tient mon rôle dans *Intouchables*, m'a raconté que, pour la première fois de sa carrière, les gens ne lui disaient pas bravo mais merci pour ce film et pour ce témoignage. Des remerciements que j'ai retrouvés dans les dizaines de milliers de mails reçus.

Intouchables a été un grand éclat de rire sur le handicap, et pour beaucoup une libération, un soulagement, une rédemption. Le succès de cette histoire improbable d'un riche aristocrate tétraplégique assisté par un jeune de banlieue fraîchement sorti de prison rend éclatant l'échec de notre société malade de solitude, irrespectueuse de la dignité humaine. Chacun aspire à cette relation entre deux infréquentables, si forte qu'ils en deviennent indestructibles.

Intouchables en somme. Ce qui compte à mes yeux dans le choix du mot « intouchables », comme titre du film, c'est le *s* final : *s* comme « solidarité ».

Monsieur Tout-va-très-bien

À la mort de Béatrice, je me suis blotti dans le noir total. Toutes mes difficultés – le deuil, le chagrin, la souffrance, l'encombrement du corps cassé, l'anxiété pour mes enfants à la dérive, l'incertitude de l'avenir – s'en sont trouvées accentuées. La solitude et ses corollaires créent une douleur telle qu'elle peut conduire au suicide. Même si, pour un tétraplégique, se suicider relève du tour de force…

Je sombre alors dans la dépression. Je sombre dans l'absence de Béatrice, dans son silence.

Son regard, toujours, malgré son extrême fatigue, m'avait encouragé après mon accident. Sa parole simple. Sa lumière…

À présent je m'efface.

Jamais je n'ai connu un tel naufrage. Jamais je n'ai eu l'intuition du tourment dont étaient la proie les personnes dépressives que j'avais pu côtoyer. Seules dans la souffrance, la tristesse et la désolation, elles ne peuvent rien puiser en l'autre. Et moi qui les incitais à réagir, qui les secouais pour qu'elles se reprennent ! Je ne faisais qu'aggraver leur détresse.

À mon handicap physique si sévère s'ajoute celui de l'abandon. Ce n'est plus de mon corps que je suis le plus privé, mais de l'être aimé. Ô chaleur humaine, combien tu me manques !

Avant cela je prenais mon retrait pour une force. L'isolement me rassurait et j'en rajoutais, j'affichais une sorte d'indifférence faussement protectrice. À ma sortie du service de réanimation après trois mois de coma, les médecins me surnommaient Monsieur Tout-va-très-bien. Je m'étais forgé cette réputation d'éternel optimiste, celui que rien n'atteint, qui affiche en toutes circonstances une légèreté de bon aloi. Il me faudra des décennies pour dire stop et enfin confesser mon véritable état. Le dissimuler ne faisait que l'empirer.

Je revois ce grand gaillard de vingt ans, fossilisé par une maladie orpheline qui ne l'autorisait plus à commander son fauteuil électrique autrement que par l'orteil droit. À la cafétéria, il jouait à se verticaliser d'une crispation de l'orteil. J'entends son rire, son rire éclatant, stimulé par l'effarement des autres pensionnaires. Ce soi-disant bon vivant, ce jeune et joyeux garçon qui voulait nous montrer à quel point tout allait bien pour lui, s'est jeté dans la mer, avec son fauteuil, du bout de la jetée.

La place de l'autre

Il me faudra du temps pour revenir à la surface, et pas seulement. Il me faudra aussi l'inlassable attention des miens. Celle des proches. Celle des soignants. Et celle d'Abdel.

Il faudra aussi que j'admette une réalité et que je m'y adapte : même très entouré, même choyé et soigné par des personnes qui m'aiment, que ça me plaise ou pas, la solitude est là pour rester. Elle s'est invitée dans mon existence, je dois apprendre à la connaître, et cela commence par accepter son statut de « meilleure ennemie ». Je dois comprendre ce paradoxe : si je supporte la solitude, ce ne peut être que dans l'attente de l'autre.

J'apprivoise le silence. Je m'exerce au relâchement du silence. Dans le silence et la solitude, je sais que mon salut est dans mes semblables.

Albert Camus disait qu'« on aime l'humanité

en général pour ne pas avoir à aimer les êtres en particulier ». C'est commode d'esquiver la rencontre avec des individus de chair et de sang en se réfugiant dans la globalité du genre humain. Je ne veux pas de cette facilité. Il ne me faudra pas longtemps pour apprendre à désamorcer la timidité que ma condition inspire au visiteur. J'ai toujours un sourire, une blague prête pour engager la relation. Je cultive l'art de la rencontre.

J'ai mis longtemps à comprendre qui j'étais. Des années avant que j'accepte de baisser la garde ! Désarmé, je peux tisser un lien avec l'autre. Je ne me force pas à l'éveil permanent, mais je reste attentif. Je sais que mon existence n'a de sens que par mes semblables. Quelle réforme de l'État, quelle nouvelle politique produira quoi que ce soit sans la conscience d'autrui ?

L'autre, c'est le prochain, et le prochain ce n'est pas le plus proche. C'est le premier venu. Lui seul, avec la fraternité qu'il exige et la solidarité qu'il impose, nous libère. L'équilibre ne peut pas être individuel. À deux, nous sommes trois : toi, moi, et nous deux. On est un groupe qui, loin d'être une secte, injecte de la diversité dans le monde.

Ne prenons pas les devants, ne nous imposons pas, ne nous montrons pas triomphant face à l'autre. Laissons-le au contraire s'exprimer, donnons-lui toute sa place.

J'aime quand Wijdane, ma plus jeune fille, mime pour moi des figures d'aïkibudo, dont l'art consiste à esquiver, reculer, accompagner l'autre. L'autre n'est jamais un adversaire, toujours un partenaire. J'aime ce pas de danse qui se joue de toute confrontation, qui n'est ni ruse ni fuite, mais amène au contraire à se rendre plus réceptif au partenaire.

Dans mon immobilité, ma précarité dérangeante, c'est à moi de rassurer mon prochain. Pour cela, je fais un effort de séduction. C'était rarement le cas avant mon accident. Désormais, moi qui dépends de l'autre, je dois l'inviter à la présence. Reconnaissons que c'est une aspiration universelle qu'il nous incombe, à nous les marginaux, de faire apprivoiser par tous. À nous de nous libérer de notre malheur, de notre pauvreté, de notre misère.

Un jour, à l'hôpital, j'ai demandé secours à un patient d'une chambre voisine que je connaissais mal. C'était un grand fragile. Il a su me réconforter, il avait traversé ce que je traversais.

Nous sommes devenus des amis. Dans ces élégantes rencontres réside un ferment de beauté et d'optimisme pour l'avenir.

Chez les chrétiens, la relation à l'autre baigne dans l'amour. L'injonction « Aimez-vous les uns les autres » m'a toujours paru un peu exigeante, hors de portée, bonne pour le jardin d'Éden. Pour ma part, je m'en tiens à la vie sur cette terre, « qui est quelquefois si jolie », comme disait Jacques Prévert[1]... Plutôt que sur l'amour je préfère modestement parier sur un peu de considération, d'empathie, une certaine affection bienveillante, accessible à tous... Ma condition a induit cet examen silencieux, m'amenant à me respecter et, en me libérant, à m'apprécier. Cette réconciliation intime s'est étendue aux autres et me les a rendus sympathiques. J'ai besoin d'eux pour me consoler, me maintenir entier.

La souffrance est universelle, ne la rejetons pas. Elle est la source de la fraternité, de la solidarité, de la simplicité. Nous sommes tous *intouchables*. Dans la fragilité et l'inconfort que je connais depuis trente ans, j'ai découvert des ressorts insoupçonnés à l'époque de ma gloire.

1. « Pater Noster », in *Paroles*.

Comme j'aimerais revenir dans le monde des valides enrichi de ce goût de la rencontre et de la relation vraie que m'a révélé ma vie de handicapé !

Simon de Cyrène

Je le disais plus haut, le succès d'*Intouchables* nous a projetés, Khadija et moi, sur le devant de la scène et nous a soumis à une exposition que je n'ai pas peur de qualifier d'insoutenable.

Il y a ce que chacun peut imaginer, le piétinement constant de l'intimité, l'irruption dans la vie quotidienne souvent brutale, sans délicatesse, sans une trace d'éducation. Ma femme a dû recevoir pendant des mois voire des années des équipes de télévision, des journalistes par dizaines, à jet continu, qu'elle s'efforçait d'accueillir au mieux, bien que tous, même les plus charmants d'entre eux, soient très fatigants.

Je décerne la palme à une équipe étrangère, venue tourner un documentaire. Les voilà débarquant en grande délégation, la production, la réalisation, l'équipe technique, sans oublier le fils du producteur flanqué de sa petite amie. Khadija et moi nous mettons en quatre. Nous les emmenons partout, leur faisons voir tout ce qui peut les intéresser, nous les cornaquons aussi bien que possible. Jusqu'au moment où, au cours du tournage chez nous, dans notre propre maison, le producteur soudain se plaint qu'il y a trop de bruit. Ça gêne la prise de son, paraît-il, il faut que ça cesse. Sauf que le bruit, c'est celui qui provient de la cuisine, où Khadija s'affaire pour recevoir correctement tout ce petit monde auquel elle n'a rien demandé… C'en est trop.

Khadija met toute la compagnie dehors sans autre forme de procès. L'équipe au complet, le fils et la petite amie prennent la porte avec tout leur matériel, et ce fut le point final du tournage, qui n'a jamais repris.

Ces inconvénients toutefois ne sont rien en comparaison de toute la fatigue endurée, et du prix à payer pour ma santé. Le succès d'*Intouchables* se compte pour moi en mois d'hôpital, et même en années. Un grand handicapé comme moi, c'est fragile à l'extrême. Au lieu de faire attention à tout, tout le temps, comme mon état l'exige, nous avons fait le tour de l'Europe et j'ai récolté des escarres, des infections pulmonaires…

Alors quelle est la justification de tout cela ? Après tout, je n'avais qu'à dire non… Sauf qu'il y a Simon de Cyrène et ses résidences, et surtout ses résidents. Ce sont eux, la justification. Car c'est à la Fédération Simon de Cyrène que sont remis, depuis le premier jour d'exploitation du film, 5 % des recettes nettes, tant sur les entrées que sur les autres droits de diffusion. Pour une association, bien évidemment, un partenariat de cette taille, ça change tout. Mais n'oublions pas que le succès ne se programme pas, et que cet accord n'aurait pas pu être signé sans la générosité de l'équipe du film.

La Fédération Simon de Cyrène, dont je suis président d'honneur depuis plus de vingt ans, crée en plein centre-ville des maisons de vie pour accueillir les traumatisés crâniens, les polyhandicapés, afin qu'ils y soient chez eux, partageant la vie quotidienne avec des professionnels de santé et des jeunes en service civique. Au lieu d'être relégués à la périphérie des villes, là où il est difficile d'aller les voir, ils mènent dans ces maisons une vie moins exclusivement centrée sur eux-mêmes et les multiples soins que leur condition exige, une vie naturellement rééquilibrée par le contact avec l'extérieur qui s'établit spontanément.

Après mon accident, Béatrice et moi avions été invités par Marie-Hélène Mathieu, la fondatrice de l'Office chrétien des personnes handicapées, à parler devant plusieurs centaines de personnes. Notre couple avait dû la toucher puisque après la mort de Béatrice, Marie-Hélène Mathieu est restée en contact avec moi. « J'ai besoin de vous », m'a-t-elle un jour signifié.

Elle voulait créer des logements dans lesquels cohabiteraient de grands handicapés et des personnes valides. Ainsi pendant six ans, régulièrement, son petit groupe de travail est venu chez moi pour élaborer ce projet. Parmi eux, il y avait la mère de Laurent de Cherisey, et de sa jeune sœur, Cécile, lourdement handicapée à la suite d'un accident de voiture survenu alors qu'elle n'avait que dix-sept ans. Un établissement a fini par sortir de terre, à Vanves, au sud de Paris.

Laurent de Cherisey, qui avait vendu les entreprises qu'il avait fondées pour s'investir totalement dans l'association Simon de Cyrène, m'a invité à prendre la parole devant la cinquantaine de résidents de cette communauté. Je dois dire que, bien que tétraplégique moi-même, j'étais saisi de terreur.

Heureusement que Laurent était à côté de moi. Nous avions en face de nous des êtres affolants de différence et de fragilité. Je me rappelle cette jeune femme, jolie, aphasique, qui cherchait à attirer mon attention. Incapable d'émettre un seul mot mais tellement désireuse de parler, elle laissait de sa bouche tordue s'échapper un filet de salive. Dérouté, le souffle coupé, j'ai perdu tous mes moyens et suis resté muet. Son sourire s'accentuait. Derrière elle, une femme coiffée d'une perruque laissait s'emballer sa voix haut perchée, tandis qu'à côté d'elle un homme me parlait en tapant du pied mais sans me regarder. Complètement désemparé, je me suis tourné vers Laurent pour trouver de l'aide. Sans détourner son regard de la jeune femme privée de langage, il m'a passé le bras autour des épaules et m'a littéralement secoué, encore et encore, jusqu'à ce que… je retrouve mon souffle ! Grâce à lui, j'ai enfin pu me reprendre, et établir le dialogue. Peu à peu, j'ai pu avoir un échange personnel avec tous les résidents et, de façon différente à chaque fois, chaque halte fut un rayon de lumière.

Ces maisons pour grands handicapés ont été baptisées du nom de Simon de Cyrène, un personnage biblique du Nouveau Testament, qui selon les Évangiles synoptiques[1], est réquisitionné par les soldats romains pour aider un temps Jésus sur le chemin du Calvaire, où il va être crucifié. Ce Simon n'est mentionné nulle part ailleurs dans les Saintes Écritures.

Nous avons affaire là à un émigré de la diaspora juive de Cyrénaïque, une région de l'est de la Libye, ancienne colonie grecque puis romaine (région de l'actuel Benghazi). Simon est un travailleur agricole journalier, un étranger en Judée, alors occupée par les Romains. Il a tout intérêt à rester discret. Il ne veut surtout pas qu'on le remarque. Il ne connaît pas le Christ, cet homme qu'on lui désigne, effondré sous le poids de sa croix. Pour lui, tout cela est une querelle entre Juifs de Judée, et puisque les Romains la contrôlent, il ne peut que s'exécuter. Mais il préférerait bien sûr ne pas être là. Ce n'est pas la charité qui lui souffle d'obtempérer, c'est l'obligation. Simon de Cyrène n'a rien d'un héros, et pourtant c'est son nom que nous avons retenu.

1. Évangiles selon Marc, Matthieu et Luc, rédigés de façon comparable.

Je m'imagine à sa place, penché pour aider un inconnu sur le point d'être crucifié. Ce moment de rencontre intime et silencieuse, que je n'ai pas recherché, me marquerait à jamais. Cette rencontre me grandirait au-delà des mots, elle m'introduirait sans que je le veuille dans le mystère de la vie et de la mort – dans le mystère de la faiblesse, ou plutôt le mystère du faible qui, dans sa fragilité, dans son extrême dépendance se montre capable de convertir ceux qui l'entourent, de transformer pour toujours leur regard sur le monde.

Ainsi, à l'instar de tant d'entre nous, je préfère renoncer à l'amour de moi qui ne fait que m'isoler et insensiblement me détruire. Je choisis de chérir l'autre, dans son infinie exception.

Les résidents des foyers érigés par ce qui est aujourd'hui la Fédération Simon de Cyrène, ces êtres pleins de dignité, sont à mes yeux veilleurs de vie ; ils éclairent de leur lumière la richesse et la beauté. Leur très grande fragilité me guide vers la délicatesse.

L'innocence des petites choses

Nous qui souffrons, nous parlons de la douleur. Patricia s'est écrasée en parachute quand elle avait dix-sept ans. Je corresponds avec elle, dont j'ai préfacé le très beau livre *Les Ailes froissées*[1]. « La seule manière de quitter la souffrance, de la faire partir, est de l'étouffer, de se mourir, m'écrit-elle un jour. Elle est tellement incarnée en moi que je ne peux l'ôter, je dois m'immoler avec. Si elle était sur mon bras, je me le couperais. Elle m'a tellement envahie qu'il faudrait que je me coupe la tête et le cœur aussi. J'ai si mal que j'ai peur de faire mal aux autres, comme si cette douleur était contagieuse. »

1. Patricia Legrand Peoc'h et Katell Chantreau, Éd. Ouest-France, 2014.

D'Emmanuelle aussi j'ai préfacé le livre[1]. Son fils Charles, âgé de quatorze ans, souffre d'une maladie orpheline qui l'amène à être écorché vif. Chaque jour, plusieurs fois par jour, il doit subir le changement de ses pansements, sur tout le corps. Sa mère écrit : « Tes alliés depuis ta naissance sont les morphiniques. C'est compliqué pour une maman, pour un papa de donner toujours plus de médicaments de plus en plus forts. Désormais, tu es sous Zo... ! L'apothéose est l'inscription écrite en rouge : "Risque d'intoxication mortelle en particulier chez l'enfant." (...) Nous acceptons notre impuissance et les incertitudes du lendemain. Nous avons conscience que chaque jour avec toi est un cadeau. (...) En revanche nous sentons, nous palpons cette fatigue abyssale qui te ronge un peu plus chaque jour. Alors tu t'émerveilles de peu, de l'instant présent, et ces moments magiques deviennent des moments de grand bonheur, d'une intensité que j'essaye d'ancrer au plus profond de ma mémoire. »

N'oublions pas les incarcérés dans la douleur du monde. J'ose penser que leurs tourments extrêmes relativisent les miens.

1. Emmanuelle Rousseau, *Drôles de bulles*, Salvator, 2017.

Rafraîchissez-moi, dites-moi quelque chose, parlez-moi de la vie ! La « vierge folle » de Rimbaud réclamait : « Ah ! je souffre, je crie. Je souffre vraiment (…) Un peu de fraîcheur, Seigneur, si vous voulez, si vous voulez bien[1] ! »

Parfois quelqu'un entre dans ma chambre dans l'idée généreuse de souffrir avec moi. Partager ma souffrance, pense-t-on parfois, pourrait la diminuer, chacun en prenant sa part comme d'un gâteau. Mais si j'aime qu'on entre dans ma chambre quand je souffre, c'est pour me parler de tout et de rien.

L'innocence des petites choses, la futilité d'une anecdote, une impression volatile, la blague de passage, le rire gratuit, voilà ce qui me libère.

1. « La vierge folle », in *Une saison en enfer*.

Éloge de la fragilité

Tant d'années passées à contempler le plafond et à percevoir le détail de ce qui m'entoure... À l'arrêt, dans le silence, tout semble harmonieux, presque mélodique. Le ton, les formes, les couleurs, les odeurs...

Je pose un regard neuf sur la beauté et la poésie de la nature, un regard qui porte au-delà de la compréhension. J'ai de la considération pour la nature, la même qu'envers tout ce qui est – et tous ceux qui sont – fragiles.

La fragilité stimule l'intelligence. Mieux que la curiosité, mieux que l'ambition, mieux que l'envie, la fragilité aiguillonne la recherche de solutions.

Nous voulons maintenir la beauté du monde. La fragilité nous remet en question, nous qui sommes issus du mystère de la Création.

La considération entre les hommes, cette considération qu'exige l'ensemble de la Création, voilà mon obsession.

Soudain, la pandémie

Un jour, un confinement vient s'ajouter à ceux de l'immobilité et de la douleur, que je croyais insurpassables.

Cette fois, tout le monde en est frappé.

Au début du printemps 2020, sur les vieux comme sur les jeunes, qu'ils soient riches ou qu'ils soient pauvres, heureux ou moins heureux, valides ou invalides, sur tous de par le monde s'abat la pandémie du Covid-19, contraignant à confiner les populations.

Dans ce qui me parvient du monde entier, jusqu'à Essaouira, comme portées par le vent, des bribes font écho à ce que m'impose depuis trente ans ma tétraplégie complète et douloureuse.

Jour après jour, semaine après semaine, sur les écrans fut exposée la mort. Et puis on se mit à compter en mois. La mort était partout.

La mort dans les services de réanimation. La mort dans les maisons de retraite. La mort jusque sur les bateaux de croisière au large de côtes où aborder leur est interdit… Partout, sous toutes les latitudes, dans les circonstances les plus différentes et les plus semblables à la fois, la mort s'empare des individus et des communautés.

Et partout c'est l'étonnement.

Car soudain l'humanité se découvre vulnérable. On le savait pourtant, mais on l'avait oublié.

« Nous repartons à la fin de notre vie aussi nus que nous y sommes arrivés », dit le sage. Mais qui dans ce monde s'en souvenait ?

Il n'y a même pas besoin d'être très âgé, insuffisant rénal ou respiratoire comme moi, pas besoin de manquer de défenses immunitaires, d'avoir le cœur fragile ou tendance au diabète, même pas besoin d'un taux trop élevé de cholestérol : le Covid-19 ne fait pas de jaloux, il s'en prend à celui-ci ou à celui-là, et ses sélections aléatoires nous mettent en déroute.

Tout le monde est exposé, plus personne ne peut faire le fier. Il faut l'admettre : tout le monde est fragile.

Dans un premier temps, il nous semble que la pandémie nous éloigne les uns des autres. Il ne faut plus s'embrasser, même pas se serrer la main. Nous cachons nos visages, nous respectons nos distances. Et partout les rues sont vides. On sort furtivement faire ses courses.

Dans le monde entier est exprimée la gratitude pour ceux qui nous soignent, ceux qui nous aident chez nous, qui nous livrent notre courrier, pour les caissières des supérettes ou des grandes surfaces qui, derrière leur barrière de plexiglas, nous sourient, toutes masquées qu'elles soient, pour les pompiers, pour les éboueurs, qui parfois découvrent sur les poubelles des immeubles un grand « Merci » tracé au feutre… Ces témoignages révélaient que nous l'avions compris : aussi jeune, valide, bien né que l'on soit, pas un d'entre nous ne peut assurer seul son salut.

Celui qui pensait n'avoir besoin de personne avait enfin compris qu'il dépendait des autres, lui aussi, et pas seulement pour assurer sa survie.

Devenus solidaires par nécessité, nous sommes aussi devenus frugaux. Et si nous le restions ?

Guérir de ses folies

Le silence des plus effervescentes des villes, soudain figées, contraste avec le bruit et l'agitation qui règnent dans les chambres de réanimation que j'ai si souvent fréquentées.

Dans l'espace réduit, les grands fragiles sont suivis avec compétence et bienveillance par tout le personnel soignant.

La considération de ces valides pour cet inconnu souvent incapable de communiquer, l'intelligence de ce personnel qui sait soulager l'autre avec respect, tendresse, quelle thérapie pour notre monde en souffrance !

Il est loin, l'homme moderne qui croit détenir la solution et prétend l'imposer.

Et si, après l'effarement devant la pandémie, nous étions saisis d'une frénésie de bienveillance ? Si c'était elle qui était contagieuse à son tour ? Si elle s'emparait de nous et guidait nos gestes, nos décisions, jusque dans le détail, comme l'a fait la pandémie ?

Enfin nous serions ingénieux, riches de solutions variées, inattendues, pour répondre aux besoins des autres. L'humilité l'emporterait sur les certitudes.

Peut-on espérer que ce sursaut de conscience inspire une organisation plus pertinente et aimable de nos façons de vivre ensemble, de partager les ressources, de prendre soin les uns des autres, de veiller sur les trésors de la vie, de protéger l'instant pour protéger l'avenir ?

C'est sans doute une illusion. L'histoire ne laisse à l'espoir qu'une place congrue. Les grandes crises une fois passées, les comportements extrêmes et suicidaires n'ont jamais manqué de se manifester.

Que ce soient les déboires de la Grèce antique après l'épidémie minutieusement décrite par Thucydide ou les folies meurtrières qui suivirent la Grande Peste noire du XIVe siècle qui avait dévasté l'Europe entière, se jetant avec gourmandise tant sur les princes que sur les gueux et tuant une personne sur trois, ou encore les Années folles qui, plutôt que des années de sagesse, vinrent répondre aux millions de morts parmi les jeunes hommes partis faire la Première Guerre mondiale et aux millions d'hommes, femmes et enfants emportés dans la foulée par la grippe espagnole…

On a toujours guéri de ces épidémies, mais jamais de nos folies. Pourquoi cela changerait-il ? Qu'avons-nous à proposer dont ceux qui nous précédèrent furent dépourvus ?

Un tableau qui m'est cher

À Essaouira, nous vivons en pleine campagne. Nos plus proches voisines sont d'aimables chèvres que l'apparition des nouvelles technologies ne trouble pas outre mesure. Je n'étonnerai personne en reconnaissant ne pas en être moi-même très familier. Pourtant, grâce à ceux qui m'entourent, je m'en sers.

Seul dans ma chambre, il m'arrive de répondre à des sollicitations. À distance bien sûr. C'est toujours sur la fragilité et la différence que j'accepte de m'exprimer en public.

À chaque fois, je m'installe devant mon ordinateur dans le même cadre, avec derrière moi la belle œuvre peinte par Mahi Binebine. C'est un grand artiste marocain contemporain, au sourire rayonnant.

Son père, un homme fort cultivé, était un courtisan du roi Hassan II, très proche de lui. Il le distrayait quotidiennement de ses nombreuses et lourdes responsabilités en l'entretenant par sa conversation riche et animée.

Mahi Binebine est l'un des nombreux enfants nés des deux mariages de ce père. L'aîné s'est trouvé entraîné malgré lui dans un complot ourdi contre le roi en 1971. Avec des centaines de gradés et de jeunes futurs cadets comme lui, il est entré en armes dans le palais d'été où Hassan II célébrait fastueusement son quarante-deuxième anniversaire, alors que son propre père, bien sûr, participait à cette grande fête.

La tentative de coup d'État a échoué et le frère de Mahi Binebine fut un des rares à échapper au peloton d'exécution. Mais il fut envoyé croupir dans la prison secrète de Tazmamart, en plein désert de l'Atlas.

Pendant des années et des années, sa famille n'eut aucune nouvelle de lui. Pourtant sa mère, tous les jours, lui gardait une part du repas, la « part de l'absent », raconte Mahi Binebine, qui en faisait son propre goûter au retour de l'école.

Et puis un jour, après dix-huit années de captivité dans le sable du désert, le frère a été libéré. À Mahi, désormais adulte, la première chose qu'il a demandée fut d'aller voir son père[1].

Cette attente du retour improbable de ce grand frère, pendant toute l'adolescence et la jeunesse de ce peintre, a beaucoup marqué son œuvre. Elle raconte l'entrave, la contrainte auxquelles s'oppose la soif de liberté qu'abreuve la force de l'esprit.

La poignée d'hommes qui ont survécu à leur captivité dans un camp tel que Tazmamart n'ont pu compter que sur la prière et le rejet de la haine, qui épuise et dévore en premier celui qui en est le porteur. L'œuvre qui me sert d'arrière-plan à chacune des contributions qui me sont demandées de par le monde est composée de neuf visages, chacun enfermé en lui-même, chacun ménageant en soi un espace d'existence irréductible.

Les nouvelles technologies, elles, nous permettent d'échanger sans discontinuer. Si nous le voulons, elles peuvent relier un noyau suffisant

1. Cf. Mahi Binebine, *Le Fou du roi*, Stock, 2017.

d'individus capables de faire évoluer les comportements de notre société. La pandémie peut conduire à reconnaître une vulnérabilité et une souffrance partagées, universelles, et la dépendance réciproque qui impose la solidarité.

L'Europe, héritière de la civilisation judéochrétienne, du siècle des Lumières et d'une histoire agitée, avec ses traditions d'État-providence, son niveau culturel élevé, ses libertés publiques, son attention aux plus pauvres et aux plus misérables, est à mes yeux la mieux équipée pour allier l'efficacité de l'économie et l'organisation de la fraternité. Cette Europe ancienne, qui ne se satisfait ni de la brutalité de la Silicon Valley ni de celle du pouvoir absolu, peut saisir sa chance d'imposer une société fondée sur la liberté, l'intelligence et la solidarité.

Un lien universel

Comment en sommes-nous venus à faire de l'autonomie de chacun une valeur suprême, un but en soi ? Quelle différence entre l'indépendance et l'individualisme ? Comment notre Occident a-t-il perdu de vue la nécessité de la dépendance ?

Dans le monde de l'infiniment petit, la science des particules, rien n'existe en soi, mais seulement en relation avec d'autres. Dépendre les unes des autres donne leur existence aux particules subatomiques. Je pressens qu'il en va de même pour nous, les hommes.

Et ce qui nous lie ne s'arrête pas là. Nous vivons les uns par les autres et nous vivons aussi par notre environnement. Sans lui nous ne sommes rien. Vivre sans violence n'est pas possible sans montrer de la considération pour la Création.

Parfois, au prix d'un effort, j'arrive à me sentir vivre dans une certaine intégrité. C'est rare. Pour l'essentiel, je subis d'un côté les dysfonctionnements de ma cervelle et de l'autre ce corps brûlant, désagréable, qui me retient de me distraire. Mais si je m'y applique, je peux avoir, un temps, l'impression d'être de nouveau harmonieux.

Ceux pour qui tout cela va de soi ne peuvent sans doute pas imaginer que, dans ces moments bénis, ce sentiment de concorde s'étend à tout ce qui m'environne : la nature, les êtres, l'univers. J'en fais partie, nous ne faisons qu'un. Je reconnais ce lien universel, il est une évidence, incompatible avec l'individualisme sur lequel repose notre société.

L'égoïsme occidental nous rend malheureux. Nous consommons toujours plus d'antidépresseurs, d'anxiolytiques, nous sommes la proie de maladies mentales toujours plus nombreuses.

Un Américain sur quatre reconnaît n'avoir personne à qui se confier. Et un sur quatre n'en a qu'une, une seule personne sur laquelle il dit pouvoir compter ! Étonnons-nous que le suicide soit la deuxième cause de mortalité chez les jeunes, après les accidents de la route. Étonnons-nous que les idées suicidaires ne soient pas rares, même chez les enfants.

Que de solitude, de désespoir dans une humanité de sept milliards d'humains ! Et comme ils sont nombreux, trop nombreux, ceux qui souffrent ! C'est le prix de notre choix, celui du chacun pour soi plutôt que du chacun pour tous.

Se débrouiller seul ?

S'acharner à procurer toute l'autonomie possible aux plus dépendants relève d'un bon sentiment, mais il est piégeux. Il trahit mine de rien une conviction profonde : demander de l'assistance, c'est avouer un échec.

Cet acharnement trahit aussi notre aspiration dévoyée à se réaliser seul, comme si cet idéal était un devoir à peine masqué.

L'indépendance de l'un libère l'autre, évidemment ! Ou ne faudrait-il pas écrire : *débarrasse* de l'autre ? En faisant tout pour que la personne handicapée puisse se débrouiller seule, ce n'est pas seulement elle que l'on veut servir, c'est aussi les valides, pour qu'ils n'aient pas, ou qu'ils aient moins à s'occuper d'elle.

Tout, en somme, est dirigé vers cet objectif pernicieux : que celui qui peut se débrouiller seul et celui qui ne le peut pas rejettent leur part, même inégale, de dépendance.

Quel dommage ! Car s'aider les uns les autres neutralise de soi-même la violence. Quand chacun se préoccupe de sa propre sécurité – de sa propre survie ! – et se sent en échec s'il en est réduit à solliciter l'aide de son prochain, nous nous éloignons les uns des autres. On peut même dire que s'organiser comme ça nous dresse ouvertement les uns contre les autres.

Je pense souvent aux groupes de prière, chez nous, quand Béatrice était si malade. Les participants n'étaient pas tournés vers nous, ils étaient auprès de nous, avec nous, sans rien avoir à démontrer, sans engagement particulier. Le païen que je suis en faisait partie par la force des choses. Ils lisaient ces Écritures que Béatrice connaissait par cœur et que je n'avais jamais lues. Parmi eux, un prêtre jésuite, le père Flamand, autrefois éducateur, devenu aumônier dans les prisons ; c'était un prêtre version Lino Ventura : peu bavard mais percutant. Ce groupe se réunissait fréquemment malgré les emplois du temps chargés des uns et des autres, leurs importantes responsabilités. Ils étaient tous brillants, mais ensemble auprès de nous, ils étaient simples. Ils acceptaient notre fatigue et notre intimité. Dans cette grande pièce assez sombre où nous passions nos journées, Béatrice et moi, la présence de ces amis créait comme un foyer élargi.

J'aimerais pouvoir écrire que nous éprouvions de la joie à être ensemble. Mais dans ces circonstances, il s'agissait surtout du soulagement d'être ensemble.

Intermède (1)

Souvent, je m'installe sous l'olivier de la terrasse qui surplombe le jardin de notre résidence. Je m'accorde à cette nature luxuriante. J'attends le vol des tourterelles qui se laissent glisser de leur nid, au faîte des eucalyptus, pour venir s'abreuver au mur d'eau qui frissonne à mon côté.

Parfois, c'est un couple de piverts qui chaloupent jusqu'à l'onde fraîche. Immobile et silencieux, je ne dérange plus personne. Seule vagabonde mon imagination. Je me remémore certains épisodes de ma vie, douloureux ou hilarants. J'imagine des situations cocasses. Je revois les visages qui m'ont ému. Je rêve, je m'assoupis, j'ouvre un œil.

Un caméléon traverse par saccades le bejmat *à mes pieds. Il se tient coi, repart, se fige à nouveau et repart.*

Ira, ira pas.

Tétra, tétra pas.

Le jukebox salvateur

Aussi loin que remontent mes souvenirs, la musique est là. Je nous revois, mes frères et moi, au garde-à-vous devant notre imposante grand-mère américaine, dans la salle de bal de notre hôtel parisien, rue de l'Université. Elle est appuyée au grand piano sur lequel est posé un violon.

Granny est une violoniste virtuose, hélas contrariée par son époux, le duc Joë, qui lui avait interdit d'en jouer au motif qu'il ne goûtait pas la musique classique. Elle proposa de nous y initier. Alain, mon jumeau, fut le plus rapide, le violon serait pour lui. Je désignai quant à moi le piano et notre aîné, dépité, se désintéressa de la chose.

Mon maître fut Bruno Rigutto, lui-même élève de Samson François, le magnifique interprète des compositeurs romantiques. Pour mes dix ans, Granny m'offrit l'intégrale des partitions pour piano de Chopin, Schubert et Schumann, reliées dans un beau cuir bleu.

J'ai tout joué. Je n'ai jamais été un grand pianiste, mais j'ai toujours aimé la musique, j'ai toujours voulu dégager d'une partition son harmonie, entendre chanter l'âme du compositeur, j'ai toujours été transporté par l'émotion.

La musique est ce retour sur soi, tête penchée vers l'avant, les doigts courant sur le clavier, en quête de cette voix que la partition recèle. La musique c'est l'intimité. Les cordes du piano font écho aux vibrations intérieures.

J'avais quinze ans quand je travaillais, un mois durant, plusieurs heures par jour, le *Rêve d'amour* de Franz Liszt. Une partition difficile, une mélodie intimiste, sentimentale. C'est cette partition qui m'est revenue quand, après mon accident, j'ai émergé de trois mois de coma. J'étais relié à la machine à respirer et n'avais de mon état qu'une idée confuse. Je me souviens que je jouais *Rêve d'amour* sur le matelas médicalisé, sentant mes doigts courir sur les touches. Réduit au silence par les tubes dans ma gorge, j'ai fait comprendre à Béatrice, par des clignements d'yeux, que mes doigts fonctionnaient. Mon cerveau avait gardé l'empreinte des partitions et des sensations de la musique. Au bout de six mois, ces illusions se sont estompés puis effacées.

Dans le pensionnat où je préparais le bac, je disposais d'un petit box où m'installer pour réviser. Toute l'année, j'ai écouté *Vingt regards sur l'Enfant Jésus* d'Olivier Messiaen, interprété par Michel Béroff. Cette partition contemporaine comblait mon besoin d'isolement. Messiaen y transcrivait son émotion devant la beauté de la Création, l'harmonie du monde.

Je me rappelle aussi ce soir de concert, avec Béatrice, où une soprano a interprété des *Lieder* de Schubert... Son chant profond me transportait dans un tel état d'adoration, de plénitude que Béatrice a fini par me donner un coup de coude pour me faire revenir sur terre.

La musique me libère de ma condition humaine pour m'autoriser cet élan qui va de l'être intime vers l'autre, dans une relation honnête, pleine, presque charnelle. Elle nous connecte à nous-même, et exalte notre considération pour l'autre. En nous offrant la note juste, la juste longueur d'onde, la musique nous offre l'harmonie au plus profond.

Je jouais les *Impromptus* de Rachmaninov, que j'aime infiniment. Même si j'étais parfois débordé par la difficulté technique de la partition, j'y trouvais toujours cette âme qu'exprime Rachmaninov, touchante, sensible. Il fut la proie d'une profonde dépression et pendant plusieurs années incapable de composer. Sans l'aide de l'un des tout premiers psychothérapeutes, formé en France, il n'aurait sans doute jamais pu se retrouver et achever le magnifique *Concerto n°* 2.

La musique dialogue avec la fragilité, la sensibilité, l'émotion, tout ce qui est incertain, tout ce qui interroge. Elle est la transcription sonore de la faille qui nous caractérise tous. Il n'est pas surprenant que le paroxysme d'une vie se traduise dans la musique par le requiem, expression de la fragilité à l'extrémité de la vie. Mozart, Verdi, Gabriel Fauré explorent chacun à leur façon l'entrée dans l'éternité.

La musique testamentaire, ultime expression avant le trépas, est celle de Richard Strauss. Ses quatre derniers *Lieder* témoignent de la résignation devant la fin, le chagrin de quitter la Création. Ils sont un hymne à la vie, un regret sans colère.

Après la mort de Béatrice, je suis resté allongé dans ma chambre sans lumière, les rideaux tirés, je me suis comme absenté. C'est Abdel qui a accompli le geste juste pour me sortir de cet état. Il m'a offert – magnifiquement emballé « dans le papier du magasin » pour, dit-il, me prouver qu'il ne l'avait pas eu « au cul du camion » ! – un jukebox capable de jouer deux cents CD à la suite. J'ai dressé la liste des deux cents que je voulais entendre, et pendant près de trois jours et trois nuits, je suis resté dans ma musique à plein volume pour étouffer mes douleurs. Trop forte, ininterrompue, jaillie de tous les siècles, elle m'a maintenu à flot. Emmailloté dans l'obscurité, le corps brûlant, je me suis évadé en elle. Je la laissais prendre en charge ma survivance. Éclaté par la douleur, je lui faisais confiance pour me remettre dans la vie.

Aujourd'hui encore il m'arrive d'en écouter intensément. Comme cette interprétation du *Concerto n° 2 opus 44* de Tchaïkovski par un jeune pianiste français, Alexandre Kantorow. On le dirait habité par la partition comme je le suis par le handicap.

Quand la douleur des dérèglements neurologiques est trop importante, seule la musique peut se mesurer à elle et l'emporter. Je ne suis plus harassé, je suis délivré.

La musique se partage. Aussi ai-je toujours organisé – avec Béatrice, et aujourd'hui avec Khadija – des concerts à la maison : la musique partagée nous dépasse et nous grandit.

J'ai aimé le parapente jusqu'à l'absurde. Pendant ces vols, j'écoutais des heures durant de la musique grâce à mon Walkman. Le plus souvent, c'était *Norma* de Bellini, chanté par Maria Callas et dirigé par Tullio Serafin à la Scala de Milan en 1954. Ma présence infime dans cet univers démesuré des Alpes, au son de cette musique qui englobe toute la Création, me reliait à elle dans la conscience de ma fragilité, et de ma fugacité.

Clarifier son cœur

La première communauté des intimes est la famille. Il ne s'agit pas d'aimer les siens dans la passion, mais de s'investir dans la famille en se désinvestissant de soi.

Et puis vient l'amitié. Les amis constituent la garde rapprochée. Par mon immobilité, j'aide mes amis à prendre conscience du sens de la vie, à soigner le monde dans lequel ils vont et viennent. Quant à eux, ils me maintiennent dans la relation.

Ce rapport prioritaire, qui prospère dans la confiance sans limite, doit s'entretenir au moindre prétexte. L'ami est celui qui peut entendre les questions sans se détourner s'il est sans réponse. On ne se débarrasse pas de son ami par un « Fais comme tu veux ». Un ami argumente, tout lui est accordé, même dans le désaccord. L'amitié est sans calcul, elle n'a d'autre objectif qu'elle-même, chacun peut se laisser aller. Les amis avec lesquels on apprend cela nous révèlent à nous-même. À ce qui nous encombre tant, la compétition, la normalité, la productivité, l'efficacité, le paraître répondent le silence, la relation, la simplicité, l'intime, la dépendance assumée.

La maladie, la vieillesse, l'étrangeté vont avec notre condition humaine. Les malades, les vieillards, les étranges ont leur place naturelle dans la société, et participent à son désarmement. Des logements partagés entre jeunes et vieux, entre actifs et sans logis, entre valides et handicapés sont créés et ne se laissent pas guider par le prix du foncier, qui les reléguerait à la périphérie lointaine des villes. Au contraire, ils sont implantés en plein centre, là où les plus fragiles et les différents participent à l'effervescence générale, affirmant la continuité de l'âme dans toutes les configurations de la vie. La place du plus fragile est avec le plus fort, pour apaiser le monde qui l'entoure.

Rien n'est possible sans un premier mouvement personnel, un élan de fraternité qui se poursuit dans un engagement de solidarité. Certes l'impôt assume en partie la solidarité institutionnelle, mais tout requiert l'individu qui, par son temps et ses moyens, inspire la collectivité.

Il n'y a pas ceux qui donnent et ceux qui reçoivent : tout le monde contribue. Un petit pourcentage de la population change de comportement et cela suffit pour que l'ensemble soit remis en question.

Mettre de l'ordre dans le monde exige d'en mettre d'abord dans la nation, et avant cela dans la famille, en commençant par sa vie personnelle. C'est ce que Confucius appelle « clarifier son cœur ». J'aime qu'avant toute chose on en appelle directement à mon cœur, à ma conscience, à ce qui est en mon pouvoir pour mettre un peu d'ordre dans ma vie.

Comment en sommes-nous arrivés à croire qu'il fallait choisir entre le collectivisme et l'individualisme ? Entre jamais seul et toujours seul ? Le fondement d'une communauté, c'est la dépendance. Sans dépendance, pas de groupe. Le groupe repose sur la confiance en l'autre, qui veille à la sécurité de chacun. La confiance sécurise et donc elle désarme.

C'est la différence entre le groupe et le clan : le clan se méfie constamment, autant de l'ennemi extérieur que de l'ennemi intérieur… Sans cesse dans l'inquiétude, sur ses gardes, il se surarme en permanence !

Deux personnes que leurs différences rapprochent et unissent dans le besoin réciproque de l'autre, c'est déjà un groupe. Sur lui se construit une communauté sage, amicale, douée de bonhomie.

Dans chaque maison Simon de Cyrène, une grande table est installée autour de laquelle s'assemble le groupe. Le vis-à-vis imprègne chacun du sentiment d'appartenance, sentiment que j'éprouve chaque fois que je me rends dans une de ces maisons, où je ne manque jamais de m'attabler avec ces compagnons.

Les croyances, celles des Églises, les dogmes, induisent le contraire. Elles supposent que tous regardent dans la même direction, cherchant des yeux l'élément sacré qui les réunit. Cela impose le côte-à-côte et rend impossible le vis-à-vis.

Comment passer de l'individualisme à la communauté, comment se débarrasser de l'accumulation, comment s'engager dans le voyage intérieur ? Comment rendre à l'économie sa vocation initiale d'allocation optimale de ressources rares ? Comment se libérer de tout ce qui bloque la créativité, assèche la connaissance… ? La finance a envahi toutes les sphères de l'activité humaine, y compris éthique, culturelle, spirituelle. Non seulement elle est impuissante à créer du lien entre les hommes, mais elle l'interdit.

La finance n'est pourtant pas sans concurrence. Pour lui résister, il y a le silence et le retrait, la vulnérabilité, la finitude, la dépendance et la souffrance. Ce sont eux qui s'imposent comme fondements du groupe.

Le rire, notre allié

J'ai toujours aimé rire. Le rire et l'humour me sont devenus indispensables. Handicapé comme je le suis, je ne réponds plus aux normes. Je fais peur. Chacun voit en moi la fragilité qui le menace lui aussi. Si je ne l'amène pas à rire, si je ne le rassure pas, il va probablement se détourner. Rire ensemble est vital.

L'humour sympathique, ni agressif, ni ironique, ni grossier, l'humour de situation à la Molière, l'humour de jeux de mots, de plaisanteries, est notre allié. Avec naturel, il nous libère des tensions. Plaisanter permet un partage grâce auquel nous traversons ensemble les situations difficiles. Rire désamorce les craintes.

Je nous revois, il y a bien longtemps, à Kerpape. Nous étions une dizaine de tétraplégiques, plongés dans l'immense piscine chauffée à trente-cinq degrés du centre de rééducation où Béatrice m'avait installé. Ma tête était maintenue hors de l'eau par des bouées. J'étais tétanisé. J'avais l'impression d'être le bouchon au bout d'une canne à pêche qui, à la première touche, se retrouverait précipité au fond.

J'appelais le moniteur pour qu'il vienne me secourir ou au moins me tranquilliser un peu quand mon voisin flottant m'a interpellé : « Hé, le nouveau ! T'inqué-quette donc pas, nous les tétras, on est comme les têtards : pas de bras, pas de jambes, mais la queue qui frétille ! » Il a éclaté de rire et moi pareil, en buvant copieusement la tasse.

J'ai pris froid ce jour-là en sortant de l'eau, ce qui m'a valu trois mois en réanimation. Pourtant j'en garde un souvenir ému, et c'est sans appréhension que je retourne dans les centres, où je retrouve cet humour bienveillant des résidents.

L'amabilité doit être un mode de vie. Pour accueillir quelqu'un, il faut être souple. Tout équilibre se fait dans la diversité, c'est elle qui fonde la joie.

Des aspirations nouvelles

Mon grand-père adoré se meurt. J'ai vingt-cinq ans. Béatrice et moi sommes à son chevet. Son cancer l'a tant rétréci qu'on dirait une momie égyptienne. Ses yeux sont clos, mais un doux râle indique qu'il vit toujours.

Béatrice dépose un baiser sur son front. Je m'incline pour faire de même, tétanisé par cette souffrance. J'ai l'impression qu'il cherche à me dire quelque chose. J'approche mon oreille de sa bouche et je murmure : « Ne vous inquiétez pas, grand-papa, je poursuivrai votre œuvre. » Je n'ai pas oublié sa dédicace, lors de la parution de son livre testamentaire[1], deux ans plus tôt : « À mes petits-enfants, pour que l'œuvre continue. » Je l'ai si peu oubliée que je l'ai gar-

1. Robert-Jean de Vogüé, *Alerte aux patrons : il faut changer l'entreprise*, Grasset, 1994.

dée pour mon propre livre. Mon grand-père était un homme d'il y a mille ans, de son temps et de tous les temps. Entre autres un patron humain et inspiré, dont le souvenir explique sans doute pourquoi, après trente ans passés loin de l'entreprise, je ne me suis jamais découragé de penser à elle.

Si je devais y revenir, j'aimerais y voir à l'œuvre ma nouvelle éthique. Est-ce concevable aujourd'hui ? Ce serait plus facile si j'étais un artisan indépendant ou un commerçant. Dans l'entreprise financière, c'est plus compliqué. Puisqu'elle cherche à augmenter sa valeur ajoutée, elle doit obtenir l'attention et l'adhésion de tous, à toutes les étapes de la confection, de la production à la distribution de ses produits et services. Or l'adhésion est incompatible avec la contrainte. Nous sommes tous capables de prouesses si nous savons pourquoi nous les accomplissons et si elles n'entrent pas en conflit avec nos valeurs.

Aucun patron ne peut, d'un coup de baguette magique, changer les mauvaises habitudes de la direction et des actionnaires. Mais par un engagement exemplaire, chacun peut modifier, de proche en proche, le comportement d'une équipe et gagner jour après jour l'adhésion de tous.

On ne peut pas réclamer indéfiniment des taux de rentabilité excessifs. La spéculation vient largement des épargnants que nous sommes.

Déjà il y a quarante ans, lorsque j'étais étudiant à l'Université de Chicago, ce berceau du libéralisme débridé, l'équation de l'entreprise privée me paraissait intenable : augmenter sans cesse la production et les prix de vente, et diminuer toutes les dépenses possibles. Que de fois ai-je vu des directions, mercenaires d'actionnaires financiers, prendre des mesures drastiques de réduction des coûts en délocalisant. Rogner sur les salaires, c'est absurde. Plus les foyers sont appauvris, moins ils pourront se doter de ce qu'on voudrait leur vendre. Quant à l'augmentation sournoise des prix… Je me souviens de cette marque de biscuits dont une campagne de publicité couvrait les murs, alors que chaque boîte contenait moins de biscuits qu'avant mais pour le même prix ! Ira-t-on jusqu'à ne plus vendre que l'emballage ? On ne peut pas tricher éternellement.

Cette façon d'envisager le monde ne tient aucun compte d'une autre réalité : environ un quart de la population occidentale est devenue soucieuse – comme je le suis moi-même – des questions éthiques et veut que soit protégé notre environnement. L'évolution des habitudes obligera l'entreprise à accorder son mode de travail, sa production, son insertion dans l'environnement avec les aspirations d'une part croissante de tout un chacun. On ne pourra rester à jamais sourd à l'exigence d'une consommation plus responsable, plus frugale, plus durable. Il ne faut pas passer à côté de son époque.

Encore faut-il que ces produits et services essentiels que sont l'habillement, l'alimentation, le logement, l'éducation, la santé soient accessibles à tous. C'est à l'État de le garantir, par une réforme de la fiscalité qui donne accès à ce minimum de prestations durables. L'Europe devra les assurer par une politique ferme aux frontières extérieures. Il m'est difficile, comme beaucoup, d'accepter par exemple que la Chine fasse pression sur les grandes marques de textile mondiales. À la demande de leurs propres clients, celles-ci avaient décidé de s'abstenir d'acheter des cotonnades fabriquées par les Ouïghours, cette minorité musulmane assujettie par les autorités chinoises. Seules quelques-unes ont tenu leur promesse.

Le patron doit aussi être capable de percevoir et respecter la richesse de chacun. La différence et une certaine fragilité étonnent, ouvrent l'esprit, apprennent à s'adapter, suscitent la remise en cause permanente, ce qui crée à la fois des valeurs et de la valeur.

L'entreprise qui débride ses équipes en ouvrant une brèche dans l'uniformité des curriculum vitæ, se montrant capable de voir au-delà des diplômes, au-delà de l'excellence garantie par les titres et les parcours fléchés ce que peut apporter quelqu'un de moins attendu trouvera mieux que ses concurrentes les solutions originales aux questions imprévues qui ne manquent jamais de surgir.

Ce qu'on appelle dignité

Je côtoie à l'hôpital l'extrême fragilité, la différence insoutenable du polyhandicapé, du traumatisé crânien, la laideur de celle ou celui qui ne peut plus se contenir, qui rote, pète, urine, défèque, gémit et hurle sans contrôle. Ils ne sont ni autonomes, ni performants, ni normaux. Auraient-ils pour autant tous perdu leur dignité ?

Les exemples sont nombreux dans notre histoire, y compris contemporaine, de persécutions – voire de tentatives d'extermination – des minorités, des fragiles, des différents…

Aujourd'hui, j'écris depuis ma chambre de l'hôpital de Nantes. Le bruit du moteur du matelas qui propulse une chaleur desséchante m'assourdit. Les douleurs d'une position trop longtemps immobile, les cicatrices, le mauvais temps me replongent dans l'état que j'ai connu lors de ma réanimation il y a près de trente ans : j'ai cru y perdre ma conscience, mon identité et ma pertinence.

Par la télévision me parviennent les rumeurs d'un monde estompé, les querelles qui souvent m'amusent, parfois m'inquiètent. J'ai assisté avec étonnement et une sourde appréhension à un débat sur « le droit à mourir dignement », comme si au menu de la vie on pouvait choisir la mort, choisir l'euthanasie quand la vie n'est plus une vie, quand le mal incurable ne nous laisse plus rien espérer de l'existence.

Est-ce vraiment une liberté nouvelle que de disposer d'une vie qui aurait perdu les attributs de la dignité ? L'homme, après s'être rendu maître de la nature, se rendrait maître de la mort. Après l'abolition de la peine de mort, serait-ce l'abolition de la peine de vie ?

Si vous m'aviez demandé lors de mes quarante années de « splendeur », avant mon accident, si j'accepterais de vivre la vie qui est la mienne depuis trente ans, j'aurais sans hésiter répondu : « Plutôt la mort », comme l'immense majorité des Français et j'aurais signé toutes les pétitions en faveur d'une légalisation du suicide assisté ou de l'euthanasie.

Quel progrès ! Et quelle violence faite aux humiliés, ainsi qu'à leurs accompagnants et soignants ! Comme si la dignité était la chasse gardée de la performance, de l'apparence et de l'indépendance.

Nous trouvons pourtant la dignité dans le respect dû à toute personne, dans l'accompagnement avec tendresse et considération, dans l'acceptation de la vulnérabilité inhérente à la Création. Qu'il est surprenant d'adhérer à la lutte pour la survie des espèces menacées et de me la refuser !

« L'euthanasie est un droit qu'on vous propose », me dit-on. « C'est une option, mais qui ne vous concerne pas », ajoute-t-on. Elle est donc réservée aux plus humiliés que moi, cette « option » ? Aux plus anormaux, plus dérangeants, inquiétants, silencieux, douloureux ?

Culpabilisés, dépressifs et terrorisés par leur indignité ou, pire, incapables de formuler une objection, ceux-là n'auront pas la force, l'envie ou la capacité de résister aux regards de ceux qu'ils encombrent. Ils n'auront d'autre choix que l'option du « droit à la mort assistée dans la dignité » prescrit par une société indifférente.

Moi-même, après mon accident, au sortir du coma, j'ai éprouvé ce besoin de mourir. Devrais-je dire : ce devoir ? J'étais encore relié à une machine qui m'aidait à respirer, et j'estimais que le poids de ma vie était trop lourd pour ma femme, malade, et mes enfants.

Présenter le suicide ou l'euthanasie comme

une sorte d'évidence qui s'impose dès lors que l'on se trouve durablement souffrant ou diminué ne fait que soumettre à un stress intense tous ceux qui sont encore valides. Ils se retrouvent terrorisés à l'idée qu'un accident, une maladie ou simplement le grand âge les fassent basculer dans la catégorie des « éliminables » en toute dignité !

Rendons sa fraîcheur à ce mot, ne le réduisons pas à une dignité de posture. Vivre ensemble, cela veut dire entendre la liberté comme une responsabilité, avoir de la considération les uns pour les autres, se montrer fraternel envers les plus faibles et solidaires dans l'épreuve. La dignité est le respect dû à la personne : on ne touche pas à l'intouchable !

L'euthanasie reflète une collectivité qui se délite et démissionne. Aucune génération avant la nôtre n'a jamais refusé d'assumer la souffrance de l'autre ; aucune n'a cru que libérer de la douleur par la mort rendrait sa dignité à qui que ce soit, comme si la douleur était honteuse et que nul ne puisse grandir dans l'inconfort.

Demander qu'on vous « débranche », n'est-ce pas dénoncer l'incapacité d'une société à apporter le réconfort à l'extrémité de la vie ? L'État se doit d'investir dans le respect des plus fragiles en fin de vie. Souvenons-nous de ce qu'écrit Saint-Exupéry dans *Citadelle* : « Si donc vous bâtissez un temple où la douleur due aux ulcères devient cantique et offrande, où la menace de mort devient port entrevu dans les eaux enfin calmes, croiriez-vous avoir gâché vos efforts ? »

Notre attitude face à la fin de vie est comparable à notre attitude envers la Création : nous dénaturons, nous cannibalisons. L'euthanasie, parce qu'elle fait partie de cette destruction, pose une question qui requiert tout notre bon sens. Gardons-nous de laisser la peur dicter sa loi.

Le rêve de Superman

Et si la science pouvait soigner définitivement notre vulnérabilité, devrait-elle le faire ?

La voix estompée d'un ami m'est parvenue au téléphone dans le bruit lancinant du moteur du lit de ma chambre d'hôpital. Il me semble qu'il pleurait. Son fils avait développé une tumeur de la moelle épinière qui allait le laisser tétraplégique jusqu'à sa mort. Il me demandait de m'engager à ses côtés auprès du Pr Marc Tadié. Celui-ci aura pendant toute sa carrière rafistolé des gens qui étaient debout jusqu'à leur accident. Au mieux, il a pu les maintenir dans un fauteuil après de nombreuses opérations. Il s'est dévoué, depuis, à la recherche médullaire, pour redonner de la vie à nos sens disparus.

Même si le plus magicien des médecins me remettait en mouvement et restaurait quelques sensations partielles, ma fragilité désormais invisible resterait une évidence. Et si la recherche scientifique permettait de gommer toutes les blessures infligées dans cette épreuve, quelle signification nouvelle donnerais-je à mon existence pour qu'elles n'aient pas été une souffrance inutile ?

Un de mes voisins de chambre, au centre de Kerpape, était fou de sport automobile. La vitesse lui avait coûté une fracture de la colonne vertébrale. Des années d'interventions chirurgicales et de rééducation ayant réussi à rendre une certaine mobilité à ses bras, il pouvait à nouveau conduire un véhicule aménagé. Il est mort quelque temps plus tard dans le crash de sa voiture lancée à plein régime.

Moi-même j'ai voulu voler à nouveau en parapente malgré mon accident. Après la mort de Béatrice, j'ai voulu retrouver l'ivresse des vols qui m'avaient fait planer. Grâce à quoi j'ai servi de train d'atterrissage à l'ami qui pilotait au-dessus de moi, terminant le visage ensanglanté dans une bouse de vache fraîche. Le message était sans détour.

Ce même ami de parapente m'a présenté à l'équipe du Pr Alim Louis Benabid, patron nobélisable du centre Clinatec de Grenoble. À l'aide d'implants dans le cerveau, il cherche à faire remarcher les tétraplégiques. J'ai eu droit à une visite VIP, avec les caméras de la télévision. Deux mille chercheurs, spécialistes en nanotechnologie, phosphorent sur la science de demain. Le professeur a proposé de me remettre debout à l'aide d'un exosquelette. Mon cerveau transmettrait, après un long apprentissage, des instructions à mes membres ; celles-ci seraient envoyées à des implants dans le cerveau et relayées à l'exosquelette dans lequel je serais littéralement encastré. Lorsque j'ai fait remarquer que je risquais de perdre connaissance à chaque fois que je serais debout, le sang ayant déserté mon cerveau, on m'a rassuré : « L'équipe travaille sur des boudins gonflables qui maintiendront la pression dans le corps. » Tout cela n'est pas pour moi.

Christopher Reeve, le célèbre Superman du cinéma, s'était promis de remarcher cinq ans après l'accident d'équitation qui l'avait totalement paralysé. Il est mort au terme de neuf ans d'efforts héroïques, sans pouvoir relever son défi. Cet échec et son décès ont plongé quantités de blessés dans la stupeur et le découragement. Il a pourtant eu le mérite d'avoir levé des sommes considérables pour soutenir la recherche sur les lésions médullaires. Les efforts de Christopher Reeve porteront un jour leurs fruits. Cultivons l'espoir de voir ce jour arriver, mais sans nous détourner des conditions de notre survie.

Intermède (2)

Je me repose sous les arbres. Au-dessus de mon olivier tournoie une buse, dans l'air paresseux. Je la suis des yeux. Elle prend les ascendants.

En parapente, je cherchais toujours la buse, le faucon, l'épervier qui me feraient rejoindre la colonne d'air ascendante et me recracheraient des centaines de mètres au-dessus des montagnes. Ainsi ai-je été attaqué par deux buses qui me sont tombées dessus en piqué : je survolais leur nid.

Des conditions exceptionnelles m'ont un jour propulsé à plus de cinq mille mètres d'altitude. Je survolais le massif du Mont-Blanc quand, au-dessus de la Dent du Géant, je me suis vu surplombé par un aigle immense qui tournoyait au-dessus de moi. Cinq heures plus tard, j'ai rejoint le monde des humains. À qui raconter mon vol ? Personne ne me croirait.

Le médecin et le malade

Si la science devait effacer ma paralysie, je ne voudrais pas que ce soit pour revenir dans le monde valide comme si de rien n'était. La réalité de notre vulnérabilité dépasse toutes les possibilités de la science, elle est constitutive de notre condition humaine. Le monde des valides n'est pas un monde à part, qu'il faudrait protéger de l'autre. La fragilité et notre engagement dans le monde, voilà ce qui a du sens.

La recherche médicale doit être sensible à mon espoir d'individu fragile. La science va progresser, et demain sera meilleur pour ceux de ma condition. Je souhaiterais être consulté sur cet avenir, partenaire de cette recherche médicale qui aujourd'hui m'est étrangère. Cette tyrannie de l'espoir que l'on met dans la recherche et ces blouses blanches qui décident de mon avenir m'inquiètent. Je ne suis pas gagné par l'excitation du progrès scientifique. Je me désole d'être le témoin d'attentes excessives chez mes jeunes semblables, nouveaux dans le métier de tétraplégique. Elles les privent de l'instant présent et de la discipline requise pour envisager une réinsertion dans leur état de grands blessés.

Je crains aussi tous ces apprentis sorciers, j'en ai trop fréquenté.

Les hommes de science, et les médecins en particulier, s'enorgueillissent d'être des spécialistes productifs, recherchant la standardisation, l'efficacité, les économies d'échelle. Pourtant la science, comme la médecine, doit avant tout comprendre si elle veut guérir ou améliorer une pratique. Elle ne peut pas être morcelée en spécialités, elle recouvre des ensembles complexes qu'il faut au contraire décloisonner. Cela évite au patient d'être humilié en n'étant lui-même jamais vu autrement que par facettes, jamais considéré dans son ensemble.

J'ai été un jour présenté à un nouveau médecin du centre de rééducation de Kerpape, où j'avais déjà passé vingt ans en pointillés. Sans m'interroger, il m'a prescrit une vingtaine de tests à faire exécuter dans la région, entraînant quinze jours de trajets incessants en ambulance. Lors de sa seconde visite, résultats d'analyses en main, il ne m'a pas davantage ausculté que la première fois. Quelques mois plus tard, j'ai dû subir une lourde opération. Il s'avèrera que la seule analyse qui me l'aurait évitée n'avait pas été prescrite. Les deux médecins, des frères basques, joueurs de rugby, qui m'avaient suivi avant lui avaient pris leur retraite. Ils passaient beaucoup de temps avec chacun de leurs patients. Sans cela, comment aboutir à un diagnostic pertinent ?

Le cancer de Béatrice, d'une forme très rare, intéressait au plus haut point les spécialistes des grands hôpitaux de Paris. Souvent, elle sortait des consultations humiliée jusqu'aux larmes. Tous ces professeurs, suivis d'une cohorte de médecins, d'internes et d'étudiants, entraient dans sa chambre sans la saluer, sans se présenter. Ils consultaient le tableau de bord accroché au bout de son lit, le commentaient entre eux sans ménager sa sensibilité et repartaient sans jamais s'être adressés à elle.

Bien sûr que, tout unique qu'il soit, l'être humain partage des éléments avec ses semblables. Mais chacun de nous oblige à rester modeste et prudent face aux modélisations. Le discernement, l'attention, la considération du médecin (unique, lui aussi !), penché sur son malade, aident à approcher de la vérité. La réalité est complexe, il faut en tenir compte, et les qualités personnelles du médecin ou du scientifique sont les meilleures armes pour progresser. Pratiquons la curiosité et acceptons le doute.

Le Pr Brigitte Perrouin-Verbe, qui me suit depuis huit ans, dirige le centre de médecine physique et de réadaptation du CHU Saint-Jacques de Nantes. Certes, elle déboule avec toutes ses équipes dans nos chambres, mais elle s'adresse à nous, nous interroge, puis interroge son médecin de service, son interne, ses externes, les infirmiers, les aides-soignants, les kinés, les ergothérapeutes... Quelle présence, quelle bienveillance, quelle compétence ! Elle fait preuve d'autorité, n'aime pas l'imprécision, ses équipes peuvent la craindre, mais elles savent qu'elles ont grâce à elle le centre de rééducation le plus performant d'Europe. À la force du poignet, le Pr Perrouin-Verbe a réussi, avec l'aide de la direction du CHU, à mobiliser les entrepreneurs du Grand Ouest pour qu'ils participent à l'acquisition des équipements les plus innovants. Et toujours avec le sourire !

J'allais oublier de le mentionner : depuis un accident survenu au début de ses études de médecine, Brigitte Perrouin-Verbe est elle-même en fauteuil.

Intermède (3)

J'ai treize ans. Les eucalyptus ploient sous les alizés violents de l'été.

La bourrasque dans les branches siffle comme le vent dans les haubans du voilier de notre père.

Nous avons quitté La Rochelle pour rejoindre la Corse et nous sommes bloqués par le levant blanc, ce vent de couloir accéléré par le détroit de Gibraltar.

Une déferlante a arraché l'artimon avant d'emporter aussi l'hélice du moteur.

Un hauban a cédé. Le mât risque de s'effondrer.

Notre père nous hurle d'affaler la grand-voile et de monter le foc de tempête. Nous sommes empêtrés dans nos cirés jaunes, la capuche rabattue sur les yeux. Les embruns nous submergent. Notre frère aîné s'active dans la manœuvre. J'ai l'impression qu'il pleure.

Le hauban à tribord cède à son tour et le mât n'est plus retenu que par le câble du foc.

Contraints d'abandonner notre cap, nous nous

mettons en fuite, après avoir jeté l'ancre flottante pour stabiliser le bateau dans cette tourmente. La dérive nous dépose devant le port de Tanger dans lequel nous faisons une entrée remarquée, louvoyant avec la seule voile qui nous reste.

Nous accostons parmi les bateaux. Notre mère, livide, s'extirpe de la cabine. Nous l'aidons à reprendre pied sur le quai et nous nous réfugions, pantelants, dans un café.

Pendant un long moment, nul ne dit mot. Puis la vie reprend son cours.

Roulez, bolide !

Lors de mes escapades en fauteuil électrique dans les souks de Marrakech, j'ai surpris notre dernière fille Wijdane, alors âgée de huit ans et juchée sur mon fauteuil, faisant un doigt d'honneur à un quidam qui nous suivait d'un regard insistant, subjugué par le spectacle de cet attelage.

Je conçois que ce regard perturbe ma fille. L'enfant n'aime pas être singularisé. Personne n'aime ça. Je suis malheureux du malaise que ce regard suscite chez le handicapé et de l'inconfort du valide face à la fracture. Le valide dévie volontiers son regard du mien et s'adresse à Khadija, mon épouse, comme si j'étais un enfant dont on n'attendait pas de réponse rationnelle. Souvent, j'ai demandé mon chemin dans les rues de Paris à des gens qui se détournaient pour ne pas avoir à me considérer dans mon état. Dans cette grande ville, on est pressé et inquiet.

Peu après la mort de Béatrice, je me revois sortant de chez le dentiste, pas loin de chez nous, la cigarette au bec (je fumais encore à l'époque). Je ne sais plus qui me l'avait allumée. Toujours est-il que dans la rue, ce qui devait arriver arriva : la cigarette m'a échappé des lèvres et par réflexe j'ai donné un coup de menton malencontreux dans le joystick qui me sert à diriger mon fauteuil. Me voilà par terre, inconscient. Quand j'ai ouvert un œil, les pompiers étaient là. Ils me demandaient mon nom, j'étais incapable de le retrouver. Mon adresse, pareil. Mais je les ai convaincus que je savais rentrer chez moi, et j'y suis donc retourné, sous bonne escorte. Tout a fini avec une bouteille de champagne en guise de remerciements.

J'ai toujours été tenté par les excès de vitesse avec mon fauteuil. Ça crée forcément des incidents. Mais quand je tombe à Marrakech, par exemple, où la chaussée ne manque pas de trous et de bosses, ce ne sont pas les pompiers qui me remettent en selle, ce sont les passants, et roulez bolide !

Quand je prends l'avion à Marrakech, les gens ne s'embarrassent pas non plus. Ils s'y mettent à six, me portant étendu sur le dos comme un cercueil, de mon fauteuil laissé au pied de l'appareil jusqu'à mon siège. À Roissy, tout est réglementé : un petit fauteuil roulant est prévu pour le transfert et deux personnes sont dédiées à ce service spécial pour qu'on m'installe ; si elles ne sont pas là, on doit les attendre. Il m'est arrivé de patienter pendant plus d'une heure, seul dans l'avion, avant l'arrivée de ces experts...

Intermède (4)

L'évanouissement m'est devenu familier, dans ma condition de tétraplégique. Mais il y eut une première fois, bien avant.

Béatrice était de nouveau enceinte, après plusieurs fausses couches. Nous avions décidé qu'en cas de nouvel échec, nous nous tournerions vers l'adoption.

Les saignements avaient commencé. Béatrice était installée dans la belle clinique qui nous avait été recommandée, au nord de Chicago. Je lui tenais la main. Elle pleurait en silence.

Le médecin était à son chevet, entouré de son équipe. Elle allait perdre son enfant. Debout, adossé à la cloison, dans l'agitation continue et le brouhaha, j'ai eu la sensation que tout s'éloignait, se figeait, se taisait.

Puis, plus rien.

Quand j'ai rouvert les yeux, je gisais au sol au pied du lit de Béatrice. On m'a emmené aux urgences pour les examens d'usage et lorsque j'ai retrouvé ma femme, notre enfant était perdu. Mais elle me souriait, malgré l'épuisement, malgré le chagrin.

La tyrannie de la performance

Nous avons la faiblesse de considérer le handicap comme une anomalie. Pourtant nous serons tous concernés, un jour ou l'autre, par l'âge, l'accident ou la maladie.

Le passage de la validité à la fragilité est la vraie question. La vieillesse ne correspond plus aux normes de performance, et même ceux qui se croient encore dans le coup sont confrontés à des exigences de résultats qui finiront par les laisser sur le bas-côté. Un jour ils seront exclus de la course. Il est normal qu'à soixante-dix ans on n'ait plus la même efficacité que dans la fleur de l'âge. Rejeter cette évidence nous fait vivre dans l'inquiétude, la peur de l'avenir, le stress. Notre organisation ne tient pas compte de tous les aspects de notre humanité. En-dehors de la pleine forme, plus rien n'a de valeur.

La tyrannie de la performance pousse au suicide et celle de l'autonomie aussi. Un de mes amis, paraplégique, ne décolérait pas depuis son accident. Il exigeait tout de son épouse, déjà très prise par leurs deux enfants et son métier. Maintes fois je lui ai recommandé de la ménager, de crainte qu'elle ne l'abandonne. C'est ce qui est arrivé, et il s'est suicidé. S'il avait pu goûter la richesse de l'existence, être là parmi les siens sans exigence particulière, sauf en cas d'urgence, il aurait pu également contribuer à soulager les siens par son écoute, son humour, sa bienveillance, son entendement.

Dans mon extrême dépendance, j'ai constamment besoin de l'autre, mais j'ai le choix. Soit user de la contrainte : l'exigence, l'agression, la mauvaise humeur, le rapport de force, l'argent, mais jamais je n'aurais survécu trente ans avec ces seules armes ; je me serais épuisé, et on m'aurait laissé tomber. Soit user du bon sens, de la patience et de la séduction. Car si la dépendance induit la fraternité, l'autonomie induit la solitude et l'indifférence.

Je ne suis jamais pressé et je reste le plus souvent souriant, sans réclamer, même si la douleur m'enferme. Nous dépendons tous les uns des autres. Faisons en sorte que notre dépendance soit aimable et non humiliante.

Je voudrais remercier tous ceux qui m'ont aidé, ces quelques êtres chers qui m'ont porté et ces centaines d'anonymes, en particulier dans le milieu hospitalier, à qui je dois tout. Cela fait trente ans que je voudrais me mettre debout pour les applaudir. Nous, les handicapés, avec nos misères, notre pesanteur, nos souffrances, oublions donc nos colères, notre sentiment d'injustice et apprenons plutôt à remercier ceux qui nous permettent d'aller de l'avant, de vivre mieux.

La si belle Khadija

J'ai rencontré Khadija à Marrakech, où avec Abdel, mon diable gardien, je passais l'automne et le début de l'hiver, dans l'espoir de me relever de l'extrême faiblesse infligée par la canicule qui s'était abattue cette année-là sur la France. Bientôt, apaisées par la douceur du climat, mes douleurs fantômes se sont estompées, ma santé s'est améliorée. J'ai vite pris l'habitude de parcourir seul la vieille ville, bien calé dans mon fauteuil électrique, la commande au menton. Je me sentais libre, c'était une renaissance. La mosquée de la Koutoubia me dominait du haut de ses mille ans, ocre, sobre, majestueuse dans son jardin de roses Osiana. Sous les palmiers, le long des calèches agitées, je rejoignais la place Jemaa el-Fna et ses tourbillons de poussière. Une petite mosquée y déversait sur la chaussée ses fidèles trop nombreux, m'obligeant à ralentir. À la foule dense du vendredi se mêlaient des mendiants réclamant en chœur l'aumône.

Je m'arrêtais toujours devant une montagne d'oranges. Le jeune vendeur s'était accoutumé à ma présence quotidienne et pressait à l'avance les fruits pour moi. Le cireur de chaussures m'attendait ; il me déchaussait et entretenait l'unique paire de mocassins que j'avais cessé d'user depuis vingt ans. Quand ils brillaient, il repartait avec sa pièce et, pour attirer le chaland, tapait de sa brosse sur sa boîte de cirage.

Tous les jours, parmi la multitude de conteurs, j'en choisissais un nouveau et, sans comprendre un traître mot de son récit, je m'appliquais à me mettre à l'unisson de son auditoire. Les vendeurs d'eau agitaient leurs clochettes, les dresseurs de serpents charmaient leur reptile au son aigu de leur flûte et les gnaouas s'adonnaient à leurs danses ancestrales. Sur cette place régnait l'harmonie dont j'avais besoin. Je m'associais à cette humanité diverse, absorbée dans son rythme et ses occupations, dans les fumées des échoppes et la poussière que soulevaient les bourrasques de cette terre sèche.

Des myriades de moineaux et de pigeons se poursuivaient. Je me sentais au diapason. Je vivais l'instant, dans cette partition incertaine. Puis je m'enfonçais dans le labyrinthe des ruelles sinueuses des souks surchargés de marchands et de badauds, saturés d'odeurs d'épices et de marchandises bigarrées. Mon attelage insolite fut bientôt reconnu par nombre de ces personnages, dont beaucoup semblaient directement jaillis du Moyen Âge et qui me subjuguaient, rejetant soudain dans le lointain l'uniformité des villes européennes.

Et c'est ainsi que j'ai rencontré la si belle Khadija. J'avais été invité dans un merveilleux riad, Dar Dallah, avec sa collection de tapis boucherouites assemblés par les femmes berbères de l'Altas. Bien que mal remis d'une certaine fatigue, je m'y suis rendu et j'ai été installé à l'ombre dans une somptueuse cour intérieure arborée où gazouillait l'eau fraîche d'une fontaine mauresque. Les convives étaient d'élégants « coloniaux », mondains et bavards. Quelques-uns m'ont salué sans beaucoup m'approcher, impressionnés par mon apparence qui s'accordait mal à la préciosité du décor.

Le temps s'est écoulé, interminable. Je me sentais de plus en plus faible et j'ai fini par perdre connaissance. Un frisson d'effroi, paraît-il, a secoué l'assemblée, conduisant notre hôte à prestement replier ses invités sur la terrasse, leur flûte de champagne à la main. Quand j'ai repris conscience, elle était là, penchée sur moi.

C'est une femme de l'Orient au regard de braise, le visage éclairé par un doux sourire. Elle a posé sa main sur la mienne, m'a dit s'appeler Khadija et gérer le riad dans lequel nous nous trouvions. Elle s'est enquise de ce qu'elle pouvait faire pour moi. Elle ne semblait ni inquiète ni effrayée. Je lui ai demandé un peu de sucre, elle m'a apporté un pot de confiture de figues maison. Ce pot et Khadija, revêtue d'une tenue traditionnelle, m'ont séduit. Nous avons passé l'heure suivante à bavarder comme si nous nous connaissions depuis toujours, et j'ai fini la confiture.

À ma demande, nous nous sommes retrouvés quelques jours plus tard à une belle terrasse de café, pour partager un thé à la menthe avec la petite Sabah, sa nièce. À l'image de toutes les fillettes marocaines, l'enfant de cinq ans était habillée et coiffée avec le même soin que nous portons à nos poupées occidentales. Avec ses cheveux d'un noir si profond qu'y jouaient des reflets bleus, son beau manteau rose, ses grands yeux sombres et vifs, elle n'avait aucune difficulté à grimper sur les roues de mon fauteuil pour venir m'embrasser. Je l'ai emmenée choisir des revues pour enfants et des crayons de couleurs. Elle semblait enchantée de pouvoir jouer tranquillement, tandis que je restais sous le charme bienveillant de Khadija. J'étais loin d'imaginer que ce tête-à-tête en la seule présence innocente de Sabah serait le dernier avant six mois. Six mois où je ne serais autorisé à voir ma bien-aimée qu'en compagnie d'un chaperon. Ce rôle pouvait être tenu par une sœur, une cousine, et pourquoi pas les deux à la fois... Tout indépendante qu'elle soit, Khadija se soumettait naturellement à la tradition.

Elle me parlait volontiers de sa vie. Par nos cultures, nos religions, nos milieux respectifs, on peut dire que nous étions aux antipodes l'un de l'autre. Pourtant, nous nous sentions unis par un lien de plénitude qui nous enchantait. L'amour de la vie, une énergie débordante, un besoin vital de l'autre dont la présence nous séduisait et nous rassurait, le désir de fonder une famille... tout nous rapprochait.

Lalla Fatima Bouachrine, la mère de Khadija, appartenait à une ancienne famille venue d'Andalousie à Salé, qui s'était installée tour à tour dans les villes impériales de Fès et Meknès. Taïb, l'arrière-grand-père de Lalla Fatima, avait été ministre du sultan Mohammed IV. Son fils Hassan avait été le grand écrivain du règne des sultans Hassan Ier et Moulay Abdelazziz. Ruinée par le protectorat français, cette illustre famille était tombée dans le dénuement.

Lalla Fatima était très jeune quand elle avait épousé Laarbi Najimi, originaire d'une bourgade au sud de Casablanca. Il avait disparu alors qu'elle était enceinte de son sixième enfant. Après trois garçons était née Khadija, l'aînée des trois filles. Comme il est de coutume, depuis la disparition de leur père, les trois garçons faisaient la loi, entre violences et châtiments. Malgré ces extrêmes difficultés, Lalla Fatima avait mis toute son énergie à éduquer les siens selon la tradition et dans la crainte de Dieu.

À dix-sept ans Khadija avait quitté le foyer maternel pour rejoindre ses cousines à Casablanca où elle avait travaillé dur. Puis elle s'était installée avec ses sœurs à Marrakech, la ville natale de leur mère. Là, elle était devenue responsable du spa de la sublime Maison arabe du prince Ruspoli. Elle gérait aussi deux riads, l'un appartenant à un Bordelais et l'autre à un couple de Belges. Tandis que sa mère s'était éreintée pour assurer le pain quotidien, Khadija en faisait autant pour assurer l'autonomie des siens, et gagnait très bien sa vie.

Nous sommes vite devenus inséparables et avons sans tarder décidé de construire une famille. Khadija a organisé une rencontre avec sa mère, Lalla Fatima, pour que je puisse faire ma demande en mariage en bonne et due forme. Le jour J, je me suis mis sur mon trente-et-un, des gants couleur beurre frais coincés sous la main gauche ! Khadija et ses sœurs étaient présentes dans le patio du riad, mais... pas de belle-mère. Les sœurs manifestaient leur irritation en arabe, et j'ai fini par comprendre que la belle-mère boudait sur le toit-terrasse et refusait de descendre : elle n'allait sûrement pas donner sa fille à un tétraplégique ! Khadija, considérant qu'à trente-neuf ans elle n'avait plus l'âge d'obéir aux injonctions de sa mère, lui a posé un ultimatum : soit elle venait me saluer, soit Khadija partirait et ne la reverrait jamais.

J'ai bientôt entendu des petits pas de souris derrière mon fauteuil. C'était Lalla Fatima qui venait nous rejoindre. Elle s'est installée auprès de ses filles, sur la banquette. J'ai exposé mes arguments. J'ai fait valoir que j'avais été marié à une épouse très aimée, que j'avais perdue, que j'avais des enfants, que je prenais soin de ma famille et que je voulais en fonder une avec Khadija, dont je prendrais soin également. J'ai souligné que je gérais mon handicap, et pour résumer je me suis attaché à la convaincre que j'étais un homme d'expérience et pas un écervelé. Mon laïus était entrecoupé par les sanglots de chacune des sœurs qui traduisaient tour à tour. J'ai obtenu gain de cause : Lalla Fatima est venue me poser un baiser sur le sommet du crâne, j'ai pris cela pour un assentiment. Mais elle a prévenu : sa fille devrait assumer les conséquences de sa décision. De ce jour, nous avons été liés par une affection profonde, jusqu'à son décès récent.

Khadija et moi nous sommes mariés à Paris, fêtés par tous nos amis musiciens dans l'immense salle de bal de l'hôtel familial, qui depuis Napoléon n'avait été occupé que par notre famille. Mon père, déjà très affaibli par la maladie, a pu articuler quelques paroles : « Elle est jolie », m'a-t-il dit, accompagnant ce compliment de quelques mots d'arabe à l'intention de Khadija. Quand nous l'avons revu à Marrakech lors de la naissance de Wijdane, il ne parlait plus.

De retour au Maroc, nous avons organisé un mariage traditionnel dans un superbe riad. La fête a duré toute la nuit. Parée des multiples tenues de circonstance, Khadija a fait plusieurs fois le tour de l'assemblée hissée sur un palanquin porté par des gnaouas, eux-mêmes lancés dans leurs danses effrénées. Plus tard dans la soirée, un ensemble de musique arabo-andalouse nous a plus paisiblement accompagnés jusqu'à la fin de la fête.

Khadija s'est attelée à la construction de notre résidence dans la campagne d'Essaouira. Elle a fait appel à un architecte burkinabé, diplômé de Bordeaux, et tous deux ont choisi exclusivement des matériaux locaux pour créer une demeure à la fois contemporaine et traditionnelle, mêlant minimalisme et chatoiements de cours intérieures rafraîchies par des fontaines tapissées de zelliges. Cette sensibilité artistique est à l'image de Khadija. Ce qui frappe quand on la croise, outre sa beauté, c'est que tout devient simple. Elle détecte tout, une situation, une gêne, une faiblesse, et trouve le mot ou le geste approprié. Quand elle m'a présenté son cousin germain, polyhandicapé, je l'ai vue anticiper les besoins de ce jeune homme dénué de moyens d'expression, mais dont le visage se métamorphosait à son approche. Pareil avec son frère, devenu handicapé mental à la suite d'une méningite, qu'elle sait comprendre, rassurer, lui qui est si agité. Khadija est à l'écoute et garde son sourire. Quand Lalla Fatima a vécu ses derniers mois, elle l'a accueillie à la maison, restant à son chevet nuit et jour, devinant ses moindres besoins pour y répondre au mieux. Quelle évidence dans l'intelligence du moment et de la présence intime ! Dans un monde à l'image de Khadija, illuminé par le regard et l'attention portée à la famille et soutenu par les moyens d'un Occident riche, nous serions tous debout ! Tout récemment encore, et pour la énième fois, Khadija a été sollicitée pour une interview, à la télévision hollandaise en l'occurrence. Même si elle se prête à ce genre d'exercice un peu contrainte car c'est contraire à son éducation – la tradition attend plutôt que l'épouse reste en retrait –, les journalistes sont toujours frappés par la pertinence et la simplicité de ses propos, comme ils le sont par son extrême élégance.

Tous deux dans la quête d'une relation vraie, nous nous sommes trouvés sans l'ombre d'un doute. Quelle joie, quel réconfort de vivre sa vie avec une femme comme elle ! Elle élève sa nièce Sabah et notre fille Wijdane en mêlant le bon sens de la tradition à l'ouverture au monde, nous partageons l'amour de l'art, nous visitons ensemble les ateliers de nos amis peintres et sculpteurs. Ensemble, profitant des concerts que Khadija organise chez nous, nous nous laissons envahir par les mystères de la musique classique ou arabo-andalouse, qui nous séduit tant l'un comme l'autre. Aimer Khadija et me savoir aimé d'elle m'ont permis de retrouver le goût de l'autre. Le goût d'être ! Je lui dois ma renaissance.

Une révolte vivifiante

J'entends beaucoup dire, dans les réunions, dans les conférences, dans les lettres que je reçois ou les publications que je lis, qu'il faut donner du sens à ce qui nous arrive. Je ne vois pas les choses de cette façon. Le goût d'être, qui repose sur la bienveillance face à l'inacceptable et l'incompréhensible, ne peut se confondre avec cette ambition de donner du sens. Certaines situations, implacables, ne peuvent être expliquées par un dogme, une théologie, un idéalisme, un raisonnement, une philosophie. Le goût d'être exige d'avoir conscience de son état, pas d'imaginer qu'il aurait une signification. La conscience, la révolte devant l'inacceptable, dans ma propre situation comme dans celle du monde, ne doivent pas se laisser dissoudre dans la quête de sens.

Doter d'un sens ma condition d'aujourd'hui reviendrait à vouloir en doter tout ce qui se passe et qui est profondément injuste, dénué de sens. La révolte inhérente à la condition humaine est préservée dans le goût d'exister. Elle donne une raison d'agir, une raison d'être. Nous ne devons pas fuir notre responsabilité face à une injustice révoltante sous prétexte que tout cela a un sens ou, pire, que vouloir changer les choses n'en aurait pas. Je me laisse aller, je m'abandonne au goût de l'existence, même dans mon état. Malgré les souffrances, le découragement, les doutes sur ma survie, je reste confiant. Dans la réalité, ce que j'appelle la « beauté du monde » est bafouée, parfois d'une manière atroce. Et pourtant, dans cette précarité absolue et dans cette incertitude, je suis pleinement vivant. Une lectrice, mère d'une enfant handicapée, m'écrivait qu'à la question : « Le luxe pour toi, c'est quoi ? », la petite n'avait pas répondu comme les autres « Avoir un cheval, une grande maison, de l'argent… » mais simplement : « Être là ! » Et sa mère de conclure : « Elle est forte, ma fille ! »

Quand j'étais valide, je voulais vivre mieux. Après trente ans de fragilité et de souffrance, ce qui me motive c'est d'être pleinement présent dans mon existence, et de la partager dans le respect des autres. Nous acceptons la vie sous toutes ses formes mais chacun à sa façon.

L'accepter n'est pas se résigner, au contraire, c'est adhérer au mystère qui fait que je suis là aujourd'hui, avec vous, après le désespoir de certaines périodes de ma vie. Sans me soumettre à ma condition, je m'abandonne à la possibilité d'être là. Je sais que l'amélioration de ma condition est exclue : demain sera probablement encore plus douloureux qu'aujourd'hui. Mes appétits de progrès d'hier se sont, par la force des choses, apaisés. Je n'en ai d'autre que celui-ci : être au monde.

Depuis la fracture dans ma vie et surtout depuis l'absence de l'être aimé, je pratique le voyage intérieur, la promenade immobile. Dans cette flânerie, il n'y a plus de corps disloqué dont je voudrais me libérer par une quête abstraite ou spirituelle. Je ne suis qu'un quand je médite. Je ne me distingue pas de mon corps souffrant, il ne m'est pas étranger, il est moi. Au fil de ces étapes de silence, de méditation et d'émerveillement, dans mes vagabondages intérieurs, je me suis trouvé et reconnu. Je suis enfin apte à rêver, et j'ose croire que les choses peuvent changer.

Et aujourd'hui…

Souvent, plutôt que parler de ma souffrance, je préfère parler de celle des autres. Gérer ma souffrance exige que je me taise, parfois pendant des semaines, parfois pendant des mois.

Quelqu'un est là, je m'efforce de masquer tout signe d'inconfort, cela m'épargne de voir porté sur moi un regard de pitié et d'impuissance qui ne me soulage pas.

Ma souffrance fait partie de moi, de mon intimité. Je la respecte, et je dirais même que je la préserve.

Ceux qui souffrent le savent comme moi : dans la douleur, dans l'affliction, il n'y a pas de place pour le regret. Car le regret ne fait qu'allonger les souvenirs, les étirer, au détriment du temps qui reste. Je refuse de laisser le regret abréger le temps qui me reste. Mon avenir est suffisamment incertain pour que je veille à vivre pleinement dans le présent.

Souvent, les miens et mes amis me reprochent de n'avoir retenu de mon passé de valide, déjà lointain, que les aspects les plus sombres. À les entendre, j'ai sans doute été plus aimable que je ne veux bien le dire et l'admettre moi-même. Aujourd'hui, dans la densité du présent et l'inconfort de la douleur, il m'est parfois difficile de me laisser aller à me souvenir de ce que furent les derniers jours, de ce que fut la veille, de ce qui m'occupa dans les heures qui viennent de s'écouler… Alors, ce valide que je fus il y a plus de trente ans, qu'ai-je à en dire ?

Bien sûr, dans l'immobilité et le relâchement me reviennent souvent des images délicieuses de ces années de bonheur avec Béatrice et les enfants. Mais elles sont teintées de regrets, et même de remords. Je sais que je n'ai pas été à la hauteur.

Si je devais revenir auprès de ma femme et de mes enfants guéri après ces trois décennies de paralysie, je serais un meilleur mari et un meilleur père. Mais cela ne se produira pas et ce qui compte, parce que cela existe, n'appartient pas à un passé englouti. Ce qui compte, c'est ce que je peux faire de ma vie, la vraie, celle d'aujourd'hui. Ce à quoi je m'attache, c'est la réalité qui est la mienne. La voie fertile est devant moi, pas derrière. C'est au présent que je me dois tout entier, à ma femme Khadija et à mes enfants, c'est avec eux que je veux tenter de faire de chaque instant de la vie réelle quelque chose de beau.

L'auteur en quelques dates

1951 : Naissance à Tunis d'un père corse, Charles-André duc Pozzo di Borgo, et de Jacqueline, née de Vogüé.

Fratrie de trois garçons et deux filles.

Enfance entre la Tunisie, l'Angleterre, Trinidad-et-Tobago, la Hollande, l'Algérie et le Maroc.

Études secondaires au lycée Louis-le-Grand à Paris.

Études supérieures : licence d'histoire à la Sorbonne, de sciences économiques au Panthéon, Institut d'études politiques de Paris, MBA finances à l'Université de Chicago.

1973 : Mariage avec Béatrice Roche. Installation aux États-Unis, directeur de l'agence américaine de la DATAR (Délégation à l'aménagement du territoire auprès du Premier ministre français).

1980 : Accueil de Laëtitia, premier enfant du couple.

Diagnostic du cancer de Béatrice.

1981 : Retour à Paris comme directeur financier de la filiale française d'un groupe pharmaceutique américain, ABBOTT.

1983 : Accueil de Robert-Jean, second enfant du couple.

1984 : Installation en Champagne comme directeur des marques et du développement des champagnes du groupe Moët Hennessy (futur LVMH).

1993 : Tétraplégie à la suite d'un accident de parapente.

1995 : Abdel est engagé comme assistant de vie.

1996 : Mort de Béatrice.

1997 : Création de l'association Simon de Cyrène pour grands handicapés.

2001 : Parution du *Second Souffle* (Bayard).

Hiver 2003 : Installation provisoire à Marrakech, au Maroc.

2004 : Rencontre avec Khadija, mariage en novembre.

La même année, Abdel se marie et s'installe en Algérie.

2007 : Naissance de Wijdane, qui vient compléter le noyau familial autour de Khadija et de Sabah, nièce de Khadija.

2009 : Première rencontre, à Essaouira, avec les réalisateurs Éric Toledano et Olivier Nakache.

2011 : Sortie du film *Intouchables* et nouvelle édition du *Second Souffle* augmentée du *Diable gardien* (Bayard).

2012 : Élevé au grade de chevalier de l'ordre national de la Légion d'honneur.

À partir de 2013, nombreux séjours hospitaliers au CHU de Nantes.

2015 : Parution de *Toi et moi, j'y crois* (Bayard).

Merci à Geneviève Jurgensen

Trois ans après la mort de Béatrice, j'écris *Le Second Souffle*, que je soumets à quelques maisons d'édition. Geneviève Jurgensen est alors directrice littéraire chez Bayard et me propose de retravailler en profondeur ce manuscrit. Il me faudra une année pour répondre à ses exigences. Geneviève, quant à elle, consacrera ses vacances d'été à peaufiner ce projet.

Quinze ans après, je suis hospitalisé une année durant et envisage le projet du *Promeneur immobile*. Quatre années plus tard, mon manuscrit est à l'arrêt, ma santé détériorée. Jean Mouttapa, éditeur chez Albin Michel, m'encourage à solliciter de l'aide. C'est tout naturellement que je retourne vers Geneviève Jurgensen, qui a l'amitié de m'accorder le temps nécessaire pour reprendre ce manuscrit et m'aider à le finaliser.

Sans Geneviève je n'aurais pu témoigner. Je lui suis infiniment reconnaissant.

Remerciements

À Éric Toledano, Olivier Nakache, les réalisateurs d'*Intouchables*, et à Nicolas Duval, leur producteur, pour leur amitié tout au long de ces années de l'« aventure *Intouchables* » qui se poursuit grâce à eux avec ce livre.

À Bertrand Piccard et son épouse Michèle pour leur amitié.

À Michel Orcel, Chantal et Yves Ballu, Marie-Odile et Max Lechevalier, Claire et Pierre-Emmanuel Taittinger, Hélène et Antoine Pitti-Ferrandi, Anne et Jean-Christophe Beau et Anne-Marie Roche pour leurs relectures attentives et pertinentes.

À Florence Loireau pour son accompagnement tout au long de cette écriture, et à Séverine Arcas pour sa collaboration au quotidien.

Pour joindre l'auteur :

pozzo51@hotmail.com

Pour faire un don
à l'association Simon de Cyrène :

www.simondecyrene.org

Pour faire un don au CHU Saint-Jacques :

www.mecenat.chu-nantes.fr

Table

Avant-propos 11

Deux vies pour le prix d'une 13
Une tornade médiatique 16
Le sourire de Béatrice 20
Mon épouse tant aimée 27
La « pause Pozzo » 31
Valse avec la douleur 34
Les cloches d'Essaouira 36
Abdel et moi 40
Aux sources d'*Intouchables* 49
Des salles pleines à craquer 55
Monsieur Tout-va-très-bien 61
La place de l'autre 64
Simon de Cyrène 69
L'innocence des petites choses 76
Éloge de la fragilité 79
Soudain, la pandémie 81
Guérir de ses folies 85

Un tableau qui m'est cher 88
Un lien universel 92
Se débrouiller seul ? 95
Intermède (1) 98
Le jukebox salvateur 99
Clarifier son cœur 105
Le rire, notre allié 110
Des aspirations nouvelles 112
Ce qu'on appelle dignité 117
Le rêve de Superman 122
Intermède (2) 126
Le médecin et le malade 127
Intermède (3) 132
Roulez, bolide ! 134
Intermède (4) 137
La tyrannie de la performance 139
La si belle Khadija 142
Une révolte vivifiante 153
Et aujourd'hui… 156

L'auteur en quelques dates 159
Merci à Geneviève Jurgensen 163
Remerciements 165

Composition : Nord Compo
Impression : CPI Bussière en août 2022
Éditions Albin Michel
22, rue Huyghens, 75014 Paris
www.albin-michel.fr

ISBN : 978-2-226-47641-8
N° d'édition : 25095/01 – N° d'impression : 2066320
Dépôt légal : septembre 2022
Imprimé en France